あした笑顔になあれ

夜回り先生の子育て論

Osamu Mizutani
水谷 修

日本評論社

はじめに

いま、子どもたちが悩み苦しんでいます。そして、こころを病み、死へと向かっています。

私は、二〇〇四年に『夜回り先生』（サンクチュアリ出版）という本を書きました。これは、子どもたちに向けて、君の苦しみに気づいた大人が一人ここにいるよ、相談してごらん。一緒に明日《あす》を生きてみないかい、と悩み苦しむ子どもたちに呼び掛けたものです。この本は、日本だけでなく韓国、台湾を含め百万人を超える子どもたちに読んでもらうことができました。そして、私のメールアドレスと電話番号を公開しました。この二年で、延べ一〇万人から届いた約一九万通ものメール、そして鳴りやまない電話での相談。私が考えていた以上に、多くの子どもたちが苦しんでいました。

かみそりを手に、「リストカットやめたいのに、でも切りたい」とメールを送る数限りない子どもたち。「私が学校に行かないからお母さんを苦しめている。私が死んだほうが、家族のためになる」と死を語る数え切れない子どもたち。なかには、ビルの屋上から「いまから死にます」という電話をかけてくる子どもも。そのたびに、「死なないで。水谷は哀《かな》しいです」と叫び続けました。黒かった私の髪は、すでに真っ白。歯を食いしばり、一人の子どもも死なせるものかと、闘い続けた日々でした。しかし、九人の子どもたちを失いました。どの死も無惨《むざん》なものでした。子どもたちの死のたびに、もうやめよう、逃げよう、と何度も考えました。しかし、やめることができず、いまも闘いを続けています。これを書いている間にも、メールや電話で限りなく、私のもとに子どもたちからの助けを求める叫びが届きます。

この闘いのなかで、多くの仲間や生徒たちが私から去っていきました。「水谷先生、無理だよ。個人の仕事ではない。たった二日間先生の手伝いをしただけで、もう夜眠れない。血だらけの手首が目に浮かび……」たしかに、私一人でできることではなかったのかもしれません。でも、日本のほとんどの政治家や専門家、先生や親たちはこの子どもたちの現実に気づいていません。彼らが夜、安穏《あんのん》と寝ているその時間に、眠ることもできず、暗い夜の街の片隅《かたすみ》で、暗い自分の部屋で苦しんでいます。

それでも、私が闘い続けてこられたのは、多くの子どもたちが私のもとを笑顔で卒業していってくれたからです。死への誘惑を自ら打ち破り、そして明日を求めて巣立っていきました。たぶん私は、日本でいちばん教え子の多い教員でしょう。今夜も、昨年まで死を語りリストカットを続けていた一人の少女から、高校に入学した、将来は福祉の仕事をしてお年寄りを助けたいという、うれしいメールが届きました。私を支えてくれたのは、このような子どもたちからのうれしいメールや電話でした。

また、いま苦しんでいるのは、子どもたちだけではないこともわかりました。数限りない親たちから、子どもの非行、薬物乱用、リストカット、引きこもりなど、さまざまな相談が私のもとに届きました。こころ優《やさ》しい親ほど、子どもの問題を一人で抱え込み、だれにも頼ることができず、自分を責《せ》め、暗い夜の部屋で苦しんでいました。多くの親たちが、いや日本のほとんどの親たちが、いま子どもたちを見失っています。親は、子育ての素人《しろうと》です。一人目の子ではじめて子育てに挑戦し、二人目でもたかだか二度目です。しかし、親たちは子どもをもつと、すべて自分できちんとしなくてはならないと抱え込み、子育てに失敗すると、自分を責めています。この本は、そんな悩み苦しむ親たちへの、そして、いま子育て真っ最中の親たちへの、さらに、これから親になる人たちへの、私からの子育て論でもあります。

私が、すべての子どもたちに求めるのは、学力や学歴、あるいは地位や名誉《めいよ》ではありません。簡単です、目を輝かせたあの笑顔です。この本には、日本の子どもたちの現状が書かれています。ほとんどの大人たちが見ていない、夜眠れない子どもたちのほんとうの姿が。そして、どうしたら子どもたちを救えるのかについても書きました。じつはとても簡単なことなのです。

私は、子どもたちと接するときに、いつもいうことばがあります。「いいんだよ、いままでのことは。でも、人のために何かしてごらん。きっと返ってくる『ありがとう』のことばが君の明日を生きる力になるよ」、そして「あした笑顔になあれ」。この本の読者のみなさんにお願いです。子どもたちと向き合ったら、子どもたちにいってあげてください。とくに悩んでいる子どもたちに。「あした笑顔になあれ」と。

二〇〇六年五月

水谷《みずたに》　修《おさむ》

あした笑顔になあれ――夜回り先生の子育て論 ＊ 目次

第一章　追いつめられる子どもたち

第二章　こころを病む子どもたち

あした笑顔になあれ——夜回り先生の子育て論

第一章

追いつめられる子どもたち

夜眠らない子どもたち

私は一五年前に神奈川県横浜《よこはま》市の定時制高校に勤務して以来、深夜の繁華《はんか》街《がい》で「夜回り」と呼ばれるパトロールをしています。そこで知り合ったさまざまな問題行動を起こす子どもたち、あるいはすでに問題行動を起こしてしまった子どもたちや、勤務する高校での生徒の問題行動に、生徒指導担当の教員として、一人の教員として、また、一人の大人として対応してきました。

私は、夜の街で少年非行や少年犯罪などさまざまな問題行動を起こす彼ら彼女らのことを、「夜眠らない子どもたち」と呼んでいます。

問題行動とは、万引き・窃盗・強盗から性非行・性犯罪、薬物乱用、はては殺人未《み》遂《すい》まで多岐《たき》におよびました。これらの問題行動には触法《しょくほう》行為、あるいは犯罪という共通点がありました。

彼らの更生《こうせい》には、まず彼ら自身が起こした問題行動が、なぜ問題なのかを理解させ、そして犯した罪は償《つぐな》わせ、新たな生き方をともに生き合いながら探していく、という生徒指導が必要でした。根気のいる指導でしたが、彼らが明日《あす》を求めはじめ、昼の世界に戻る姿を見ることは、私のこのうえない喜びであり、幸せでした。けっして楽な仕事ではありませんでしたが、とても楽しい毎日でした。

しかし、五年ほど前に、講演先で出会った一人の少女からの相談で、私は新しいタイプの問題行動にぶつかりました。それはリストカットなどの自傷行為やOD（処方薬や市販薬の過剰摂取）、摂食《せっしょく》障害や自殺願望、自殺という、こころに問題を抱えた子どもたち、「夜眠れない子どもたち」による行為でした。

さらに、ちょうどそのころ、私は教え子だった一人の女子生徒から一通の手紙をもらいました。

「先生はいつも、暴力的で授業の邪魔《じゃま》をする生徒たちのほうばかり見ていたね。私は成績もよかったし目立たなかったから、先生にぜんぜん振り向いてもらえなかった。でも、私だって悩んでいたよ。お父さんは覚せい剤で逮捕されるし、お母さんは男の人と家を出てしまいほとんど帰ってこないから、妹や弟の面倒を見ながら苦しんでいたんだ。私、リストカットをした。夜の街で優《やさ》しい男の人に身を任せた。哀《かな》しいときやつらいとき、いつも先生のほうを見て、救いを求めていたのに……。でも、先生はぜんぜん気づいてくれなかった。私、いい子なんかじゃなければよかったのに。先生を恨《うら》みます」

この手紙を読んで、私は茫然《ぼうぜん》自失となりました。私のまわりで何の問題もなさそうに日々生きている子どもたちのなかに、私の存在は必要ないと勝手に解釈して、ただ笑顔で見守っていた子どもたちのなかに、じつは、この問題を抱えている多くの子どもたちがいることに気づいたのです。

私は大切な子どもたちを見失っていました。

いま、私たちの宝物であり夢である子どもたちが、苦しんでいます。そして、明日を見失い、夜の世界へ足を踏み入れたり、一人夜の暗い部屋で死を考えています。

子どもたちの様子を知ることは案外簡単です。まずは、子どもの目を見つめてください。瞳《ひとみ》は輝いていますか。力強い視線で見つめ返してくれますか。もし、その子が目を背《そむ》けるようなら、また、虚《うつ》ろな目をしていたら、必ずこころに問題を抱えています。もし、その子がにらみつけたり、横目であざ笑うように視線を返してきたら、それは夜の世界に染《そ》められはじめています。

攻撃的な社会のなかで

いま、多くの子どもたちが自分を見失っています。たぶん日本の子どもたちの三割ほどは、何らかの形でこころを病んでいると思います。

その背景にある原因の一つは、いまの私たちの社会の攻撃性だと思います。本来、私たちの社会は、人と人が認め合う社会でなくてはなりません。それなのに現在の日本は、人と人とが責《せ》め合う社会、とても攻撃的な社会になってしまいました。

とくに、一九九一年にバブル経済がはじけて、日本経済が究極の不況に陥《おちい》ってから、閉塞《へいそく》した厳しい時代になってしまいました。

私は講演で全国を回っていますが、お父さんやお母さんの多い会場ではたびたび質問をします「自分の子どもを褒《ほ》めた回数と、しかった回数、どちらが多いですか」

と。ほとんどの親は、しかった回数のほうが多いと答えます。では、そんなにみなさんの子どもたちは悪いのでしょうか。いいえ、私はそうは思いません。

日本の社会から、哀しいことに美しいことばがどんどん消えてしまっています。たとえば日常では、「ありがとうございます」「お世話になりました」「うれしい」「きれいだな」「素敵《すてき》だ」「いいんだよ」ということばが聞かれなくなりました。その代わりに、「何やっているんだ」「遅い」「急げ」「早く」「がんばれ」「考えろ」などの、きついことばが刃《やいば》のように飛び交《か》っています。

教員ですら仲間の教員に対して、「先生は、何をやっているんですか」「そんなことでどうするんですか」と責め合います。また、教員が生徒たちに対しても、「こんなことをしていてどうする」「こんな成績じゃどこにも進学できないぞ」と責めることが続いています。

会社では上司が部下に、家庭では部下である夫がその妻に、そして、その妻がその子どもにと、攻撃が下へ下へと力の弱いほうへ続いています。

このように責められ攻撃されても、私たち大人は、家庭であるいは夜の街で、仲間との一杯のお酒で気をまぎらわせることができます。そして、また次の日をなんとか過ごしています。

しかし、大人のようにお金やお酒の力を借りることができない子どもたちは、いったいどうしているのでしょうか。どうやって息抜きをしているのでしょうか。だれを攻撃してうっぷんを晴らせばいいのでしょうか。同級生や年下の子どもをいじめることで、動物や生き物を殺すことでうっぷんを晴らせばいいのでしょうか。哀しいことに、すでにそうしている子どもたちもたくさんいます。

大人はずるい

会社や仕事先で、「何をのろのろやっているんだ、君なんかいつでもくびにできるんだぞ」といわれた父親は、家に帰って「なんだ、飯もつくってないのか、風呂も沸《わ》いてないのか。おまえは何をのろのろやっているんだ」と妻にあたる。夫にあたられてイライラした妻は、自分の子どもたちにうっぷんをぶつけていきます。これは近年親による虐待《ぎゃくたい》が増加している一因でもあります。かけがえのない自分の子どもに「テストでこんな点数しかとれないなんて、情けない。何やってるの」としかることで、あたるのです。

大人はずるいのです。父親は、家庭では妻や子どもにあたり散らし、外でお酒を飲んでストレスを解消すればいい。母親も、夫には五〇〇円くらいの安い昼食を食べさせ、自分は主婦仲間と三〇〇〇円のランチを食べて、夫の悪口をいっていればいい。そして、家では自分の子どもにあたりちらしていればいい。

でも、子どもには昼の学校と夜の家庭しかありません。昼の学校でしかられ続け、夜の家庭でもしかられ続けたら……。

私は講演先の会場に子どもたちがいると、先ほどの親にたずねた質問を子どもたちにも必ず聞きます、「家や学校で、褒められた数としかられた数、どっちが多い」。圧倒的にしかられた数のほうが多いのです。

この本を読んでいる大人、とくにお母さん方にお聞きしたい。もし、あなたが夫から毎日「この料理まずいぞ、こんなもの食べられるか。おまえは何をのろのろやっているんだ、こんなこともできないのか。おまえなんかと結婚しなきゃよかった」といわれ続けたらどうしますか。

でもこれは、考えてみたら、お母さん方が自分の子どもに対して日々いっていることではないですか。これを毎日いわれたら、あなたはどうしますか。アルコール依存症になるまで夜の暗いキッチンで毎晩お酒を飲みますか。携帯電話やメールで見知らぬ男と知り合い、その男の甘いことばにすがり、一夜をともに過ごしますか。あるいは、暗い部屋で涙を流しながら死にたいといい、自分で自分の身体を傷つけたり、さまざまな薬を大量に飲みますか。

まさにこれがいま、子どもたちがおかれている状況なのです。子どもたちは学校でも家庭でも追いつめられています。好きで薬物を使う子どもはいません、いまの状況から逃げたいから使うのです。好きで援助交際をする女の子だっていません、愛にすがりたいから援交するのです。好きで自傷したり、死を語ったり、あるいは死んでいく子なんていないのです。

大人になんかなりたくない

「大人になりたくない」という子どもたちが増えています。でも、私にはこれはあたりまえのような気がします。

父親は夜、家に帰ってきたらいっていませんか、「課長のやつ、部長のやつ、許せない。おまえたちさえいなきゃ、あんな会社辞《や》めてやるのに」と。父親の多くは家族につらい顔や苦しい顔しか見せないのです。

母親は母親で、夫が会社へ出かけると、「なんであんな人と結婚したのかしら」などと子どもの前で平気でいっています。

学校に行けば、先生は「疲れた、なんで君たちに教えなきゃいけないんだ」といいます。

街を行く大人たちを見ても、輝いている大人はいますか。大人でいることは、そんなにつらくて、どうしようもない、いやなことなのでしょうか。

大人になって、家族を養《やしな》い、次の世代を担《にな》う子どもたちを育て、国のため、社会のため、人のために尽くして生きることは、ほんとうはすごく輝いていて、楽しいことなのではありませんか。でも、いまの大人たちは、それを子どもたちに見せていない。私はそれを実感しています。

大人になることをやめた子どもたちは、哀《あわ》れです。明日を夢見ることをあきらめ、明日を生きることを捨ててしまえば、「いま」しかない。「いま」という時間をどう楽しく生きるしか考えていないのです。

じつはこれが、少年非行や少年犯罪の、さまざまな問題の背景にあるのではないかと私は思っています。

「考える力」のない子どもたち

いまの一〇代、二〇代の子どもたちを見て思うことがあります。彼ら彼女らは、ものを考えることができない、自分でものごとを決定することができません。まわりを見渡して、つねにみんなと同じような行動をとります。みんなと同じにしていれば、一人だけ浮いたりはみ出すことがないから、仲間からいじめられることはない。自分の身を守るという意識もあるのでしょうが、考える能力が相当に欠如しています。

私は生徒指導という仕事柄、バイク窃盗を集団でやったり、集団で引ったくりをやったり、あるいは集団で薬物を乱用した子どもたちとかかわってきました。その子どもたちに「なんでそんなことをしたの」と聞いたことがあります。答えは「わからない、みんなやっていたから」。

また、夜間徘徊《はいかい》している派手《はで》な服を着た女の子たちに「なんで、そのかっこうをするの」と聞くと、「だって、いま流行《はや》っているから」。「きれいだと思うのかい」と問うと、「だって、みんなやっているから」と答えます。

ぜひ、まわりの子どもたちに聞いてみてください。自分がこういう行動をするのは、自分がこういうかっこうをするのは、自分がこういうのは、こんな理由があるからやっているときちんと答えられる子はいますか。みなさんの近くに、そこまで考えて行動している子はいますか。

数年前から、私は日本各地のいくつかの大学で授業の手伝いをしています。その授業を通じて感じることがあります。大学生たちがなかなか立派なことをいうので、「どうしてそう思ったんだい」と聞くと、「〇〇という本で、〇〇氏がいっていました」。「じゃ、君はどう考えるの」と聞くと、「こんな偉《えら》い人がいったのだから、これでいいと思います」。学生たちに論文を書かせるとわかります。考えの受売りがじつに多い。彼らは自分の意見がいえないし、書けないのです。大学生の間でものを考える能力が非常に低下してきています。

以前に、日本のなかで最優秀といわれる大学の最優秀といわれる学生たちと、「夜回り」をしたことがあります。「夜回り」といってもごみ拾いをしたり、街の子どもたちに声を掛けたりしたのです。彼らは私の後ろをついてきて、私とまったく同じことをします。はじめての経験で怖《こわ》いせいもあったかもしれませんが、創造的に自分から声を掛けたり、ごみ拾いも私の歩いた後ではなくて、もう少し隅《すみ》に行くなどと独創的に動ける学生は、残念ながらまったくいませんでした。

指示型の子育て

子どもたちに考える力がなくなってしまったのは、私には当然のことに思えます。日本の子育てとか教育というのは、とくに「六〇年安保闘争」や「大学紛争」、「七〇年安保闘争」のころから、指示型に変わってしまいました。その背景には、ものを考えられる子どもを育てれば、社会に対して闘いを挑《いど》む子どもを育てることになる。これはとても危険なことになるかもしれない。それならなんでもいわれたとおりに従う子どもに育てたほうが安全でいい。このように考える大人たちの思惑《おもわく》もあったような気がします。

とくに、いまの子どもたちにはゆっくりと考える時間を与えられていません。一方的に親が「ああしなさい、こうしなさい、こっちにしなさい、それはだめ」と事細かに指示しながら子どもを育てます。親が自分の思いどおりに子どもを操縦しているさまは、はたから見ていても息苦しくなるほどです。そして、わが子が一七歳、一八歳になると突然、「もう、自分で考えなさい」と突き放してしまいます。でも、このような指示型の子育てでは無理です、子どもに考える力なんてつきません。

たとえば、生まれた赤ちゃんを、二〇年間抱っこして育てたらどうなると思いますか。当然、自分で歩くことができない二〇歳の子をつくってしまいます。いまの日本の子育ては、自分で考えることができない二〇歳の男女、成人をつくってしまっていませんか。

本来、赤ちゃんは生後九ヵ月、一〇ヵ月のころから一生懸命自分で立とうとします。やっと立ったと思ったら、こてっと転んでしまい「ママー」と泣きます。そこで母親は「自分で立つのよ」と願いながらも、でも、こころを鬼にして赤ちゃんからわざと距離をとります。母親が一歩下がろうとすると、赤ちゃんはおいていかれると思い、また、一生懸命立ち上がろうとします。そして立ち上がったところで、母親は「よくやったわねえ」と褒めながら赤ちゃんを抱き締める。これを繰り返すことによって、立って歩くということを学ぶのです。痛い思いやけがをしないで、最初から立って歩けた人間なんていないはずです。

考える能力を育てることも、これと同じです。

子どもたちが一度自分で決めたことは、責任をもってやらせてみるのです。その結果にきちんと後始末《あとしまつ》をつけられるまで、子どもたちが自分で成し遂《と》げたと満足できるまで、親や大人は手出しをせずに見守っている。これを繰り返していかなければ、ほんとうの意味で、ものを考えられる人間は育たないと私は考えています。

ここまでできなければ、ほんとうの子育てとはいえません。

こころを閉ざして

もし、みなさんが毎日「何をやっているんだ、急げ、急げ」とお尻《しり》をたたかれ続け、「そんなことじゃだめだろう」としかられ続けたらどうなりますか。

でも、いまの子どもたちは生まれたときから十数年間、とくに小学校高学年から中学校・高校の間は、まさに後ろからお尻をたたかれ、追いつめられています。また、毎日「何をやっているんだ、がんばれ」と厳しいことばにさらされています。

たしかに、それでも救われている子どもはいます。

それはある意味で生まれつき能力的にすぐれている子どもたち、あるいは、つらい家庭や学校という状況のなかにあっても、じつはあったかいお母さんがいたり、あったかい先生との出会いや、だれか優しい大人との出会いがあった子どもたちです。

でも、私はこの子どもたちはいまの日本のなかで全体の七割ほどだと思っています。三割ほどの子どもたちが毎日追いつめられ、毎日厳しいことばをあびせられるなかで、自分を見失っています。「私なんかいなくていいんだ」「私がいることが親に迷惑をかける」「学校の授業についていけない、私なんてだめなんだ」と、毎夜、暗い時間になると、とくに自分を責めています。

このように、毎日攻撃されている子どもたちのこころはパンパンになります。じつはここで、子どもたちは四つのタイプに分かれます。

いちばん元気がよくてしかも多いタイプは、こころがパンパンになったイライラを「ガス抜き」、いわゆる解決するために、自分の仲間をいじめます。まさに大人が、親が先生が、子どもたちにやったのと同じことをかけがいのない自分の仲間に対してやってしまうのです。もっとも哀しい解決法です。

二番目に元気のいい子どもたちは「もういいや、親なんて俺のことをわかってくれない。勉強だってみんなについていけない。先生だって俺のことなんかどうでもいいんだ」と、昼の世界に別れを告げます。そして私の住む夜の世界にやってきます。夜の世界の大人から見たら子どもたちは利用できますし、お金にもなる存在です。夜の世界の大人たちの甘いことばにだまされ、さらに闇の世界へと沈んで行きます。

では、もっともこころ優しい思いやりのあるいい子たち、この子たちが二手に分かれます。そしていま、私たちの前にいろいろな問題を突きつけてきています。

一つはこころを閉ざしてしまう子どもたち。学校へ行ってもいじめがあります。優しくて人をいじめられないから、自分がいじめられてしまいます。また、親に迷惑をかけてしまうからと、優しいがゆえに夜の世界に出て行くこともできません。その結果、自分からこころを閉ざして不登校になり、友だちとの交流も絶《た》って、家で苦しみ続けます。さらには自分の不登校が原因で苦しんだり、イライラしている親の姿を見て、自分の部屋からも出られなくなる、引きこもりです。

では、それすらもできないもっともこころ弱い子は、「不登校になったら、引きこもりになったら、親に迷惑かける」と考えます。もっともこころ優しく、こころ弱い子は、暗い夜の部屋で「お父さんにしかられたのは、私が悪いから」「勉強についていけないのも、先生からしかられたのも、友だちから嫌われたのも、みんな私が悪いから」と、一人で悩みます。そしてある夜、かみそりを手にして自分を罰しはじめる、リストカットなどの自傷行為のはじまりです。

そして、眠れない、つらいと悩み苦しむ子どもの姿を見て、親やまわりの大人たちは子どもを心療内科や精神科、神経科に連れて行きます。そこで、向精神薬、抗うつ剤、睡眠薬などをもらって、「四錠飲んだらこれだけ楽になった、二〇錠飲んだら、四〇錠飲んだら」と処方薬の過剰摂取がはじまります。

さらにこころを病むと、つらい毎日の連続ですから、食事などがのどを通らなくなって拒食になります。逆にストレスから食べることがとまらなくなる過食、そして、食べては吐《は》くことを繰り返す摂食障害になります。ここまで行けばあと一歩、自殺願望、自殺へと進みます。

いままさに、日本の子どもたちはこのように追いつめられ、苦しんでいます。

ことばに救いを求めて

追いつめられた子どもたちのなかでも、こころ優しく、こころ弱い子、思いやりのある子は、自分で自分を責めます。先生や親からしかられたり、学校や家での生活がうまくいかなかった原因は、すべて自分にあると決めつけ、すべてを自分で抱え込んでしまいます。そして、その重圧にイライラしてしまい、夜眠ることなどできません。そこで、深夜に一人暗い部屋で、インターネットや携帯電話、メールといったことばを媒体《ばいたい》とした仮想現実の世界に救いを求めます。人と人との現実世界に傷つけられた子どもは、ほんとうの自分を出せないまま、バーチャルリアリティーの世界に救いを求めるのです。

でも、そこに救いなんかないのです。さらに傷つけられてしまうだけです。

私は子どもたちに、「ことばを信じるな。ことばでは、すべては表せない」とよくいいます。

たとえば、夫が妻に「愛している」ということばを連発しだしたら、夫は絶対に悪いことをしているから、妻は夫をひっぱたいたほうがいい。もし、つき合っている男性が一日に何度も「愛しているよ」といったら、彼はうそつきで口が軽い人間だから、そんな男性とは結婚しないほうがいい。ことばなんて、そんなものでしょう。

愛とは、二人の人間がお互いにいたわり合い、優しさをもって、ともに生き合っていく、その生き合いが積み重なってつくられていくものであって、「愛している」とことばにして表しても、無意味なものでしかないのです。

ところが、子どもたちはそのことばに救いを求めて、ことばを信じます。ことばは必ず人を裏切るし、ことばというのは残酷《ざんこく》なものです。

たとえば、ある子が「私は死ぬ」とことばにしたら、まわりの人はその子に死を求めてきます。練炭《れんたん》での集団自殺はその例です。たぶん、集団自殺をはかった人のうちの多くは、ほんとうに死にたいとは考えていなかったはずです。「死ぬ」と文字にしてしまった、メールで書いてしまった、ことばにしてしまったから、それで責任をとらざるをえなくなったのです。私は、ことばによる死だと思っています。

また、ことばといえば、私はとても残念に思っていることがあります。いまの日本で、大人たちや子どもたちは美しいことばを忘れてしまっています。美しいものというのは、いいものです。触れれば触れるだけ、人のこころを美しくします。

ことばも同じです。美しいことばを使っていると、その人のこころは美しくなっていきますし、乱暴なことばを使っていれば、その人の態度も粗野《そや》になっていきます。

援交、偽《いつわ》りの触れ合い

学校や家庭で毎日批判され、自己肯定感や自信を失った子どもたちのなかで、まだ生きる力をもっている子どもたちは、彼らを評価せず否定だけする昼の世界に背を向け、夜の街に出て復讐《ふくしゅう》をはじめます。

復讐をはじめた元気のいい子は、夜の街で仲間をつくり、そして非行集団として大人たちに対峙《たいじ》してきます。彼らは一人では大人に勝つことはできません。だから集団をつくるのです。その集団にバイクが入れば、暴走族になります。猛烈《もうれつ》な騒音と暴力で、住民に復讐をしていきます。

夜の世界の大人たちは子どもたちには優しいのです、子どもたちをとことん利用できますから。女の子が来れば、「君、かわいいね。どこかへ連れて行ってあげるよ、どこへ行きたい。カラオケへ行くかい」。これで、女の子の身体を狙《ねら》えます。男の子が来れば、「君、かっこいいな。小遣《こづか》いやるから遊んできなよ。帰りに事務所に寄りな」と声を掛け、これで使いっぱしりにできます。

こんな大人たちに、子どもたちがますます汚されていくのです。

また、昼の世界に背を向けて夜の街に出てきたけれど、大人に対峙するほどの元気のない子どもたちは、暗がりに集《つど》い夜を過ごしていきます。そのなかでも、寂《さび》しさに埋もれてしまいそうな少女たちは、中高年の男たちの性の対象となり買春されていきます。そして、その偽りの触れ合いのなかに少女たちはひとときの救いを求め、じつはさらに傷ついていきます。

私は二〇〇四年からの二年間で、子どもたちから一九万件以上の相談メールや相談電話をもらいました。

そのなかにも援助交際をした女子中学生・高校生・大学生、あるいは二〇代の女の子たちからの相談がたくさんありました。彼女たちとかかわっていくうちにわかってきたことがあります。それはじつに父親の存在がひどい、あるいは父親の存在が薄いということです。アルコール依存症の父親が家で暴れて母親に暴力をふるったり、父親が会社人間で家庭をかえりみない、子どもたちがいくら「お父さん」と呼び掛けても背中を向けてしまう父親たちに、一因があることは明らかでした。

援助交際をしている女の子の多くは、自分がもつことができなかった優しい父親の姿、それを自分の身体を買う男たちに求めています。なぜそんなことをしたのかと聞くと、彼女たちは必ず「優しかったから」と答えます。哀しいことです。でもそこには当然、救いなんてありません。男たちが求めているのは彼女たちの性だけです。そして、彼女たちはこころも身体もさらに深く傷ついてしまうのです。なかには妊娠し、中絶してしまった命のことを思っては苦しみ、自傷したり、死を語る子どもたちもいます。

彼女たちの人生にだれか一人優しい大人がいたら。お父さんの代わりでなくてもいいから、一人の男の大人が彼女たちに寄り添うことができたら。そういう出会いがあったら、援助交際はなくなると私は思っています。

子どもたちに迫る魔の手

現在の日本で、子どもたちに迫っているもっとも困った問題の一つに、薬物があります。覚せい剤、シンナー、大麻《たいま》、MDMA（エクスタシー）などの薬物と聞くと、大人たちの多くは、「取締りを強化して、日本に入ってこないようにすればいいのではないか」といいます。

でも、日本は四方を海に囲まれた島国ですから、実際にそのようなことは不可能です。たとえば、競馬ののみ行為などで借金をしてしまった漁船員などが、暴力団から脅《おど》されて薬物を密輸します。脅された漁船員は、公海上で待っている貨物船などから投げ出される覚せい剤や大麻を受け取ります。そして、トロ箱といって水揚げした魚を入れる白い箱の氷の下に薬物を入れて運んできます。これらを全部調べつくして、さらには未然に防ぐことなど、日本では不可能なのです。

ちなみに、最近では日本の薬物市場は二兆円といわれています。北朝鮮、中国、台湾、フィリピン、タイ、シンガポールなどから、大量に日本に薬物が持ち込まれているのが現状です。

いま、日本では第三次覚せい剤乱用期(次ページの表参照)といわれていますが、これは日本の存亡にかかわる重大な問題です。なぜかというと、日本の薬物乱用史上はじめて一〇代の子どもたちに、組織的かつ集中的に暴力団から薬物が流れはじめたからです。

豊かな物資やあふれるほど大量の情報が飛び交う日本で、寂しさゆえに自分を見失っている子どもはたくさんいます。

二〇〇五年の夏に、私はNHKテレビのある情報番組に出演しました。私の専門は薬物問題、ドラッグなのですが、私はこの番組で新たな、薬物乱用者観を伝えたかったのです。番組のなかで私は力説しましたが、薬物乱用というと大人たちはすぐに、

年　代	おもな乱用薬物	おもな乱用者
1945 年以前	麻薬（アヘン・モルヒネ）	少数の特定乱用者
1945〜1956 年 第一次薬物汚染期 **（第一次覚せい剤乱用期）**	覚せい剤（ヒロポン）	青少年
1960〜1964 年 第二次薬物汚染期	麻薬（ヘロイン）	青壮年
1960〜1964 年 第二次薬物汚染期	睡眠薬（ハイミナールなど）	青少年
1963〜1967 年 第二次薬物汚染期	鎮痛剤（ナロンなど） 抗不安剤 筋弛緩剤	青少年
1967〜1969 年 第三次薬物汚染期	有機溶剤（シンナー・トルエン・ボンド）	青少年（低年齢化する）
1970〜1993 年 第四次薬物汚染期 **（第二次覚せい剤乱用期）**	覚せい剤（シャブ）	青壮年（主婦層に広がる）
1975〜1993 年 第四次薬物汚染期	幻覚剤（大麻・LSD など）	青壮年
1992〜1993 年 第四次薬物汚染期	ガス	青少年（低年齢化する）
1994〜現在 第五次薬物汚染期 **（第三次覚せい剤乱用期）**	覚せい剤（スピード・S・アイス・やせ薬など） 大麻（マリファナ・ガンジャ・チョコなど） MDMA・ヤーバーなど マジックマッシュルームなど脱法ドラッグ	青少年（中高生に広がる）

日本の薬物乱用の歴史

「使った子どもが悪い」「あいつは悪がきだ」「なんでそんな悪さをする」と子どもたちを責めます。

でも、幸せな子は薬物なんて使いません、必要ないのです。両親の愛に満たされ、立派な大人たちに囲まれ、守られている幸せな子は、夜の世界になんて来ません。暖かい部屋で、温かいお父さんやお母さんと楽しくご飯を食べて過ごしています。

しかし、最近の日本では、その幸せというものの概念が変わってしまって、幸せな子どもが、どんどん少なくなってきています。

私たちは日本の戦後の歩みのなかで学んできたはずです。本来幸せとは、物資の豊かさではなかった、富でもなかった、地位でもなかった、名誉《めいよ》でもなかったことを。人のために何かをし、人の笑顔を見ることの喜び。感謝されることの喜び。美しいものを育てたり、つくるなかで、それを見た人が感動することの喜び。そういう幸せを私たちが語っていかなければならない時代が来ていると思います。

その幸せを得られず、自らの行き場を失った子どもたちが、自分の居場所を求めて夜の闇のなかをさまようのです。そして、薬物に出会い、薬物にひとときの救いを求めるのです。

「子どもたちにどんどん売れ」

かつて暴力団は、一〇代の子どもたちには薬物を売りませんでした。ある広域暴力団の組長がいったそうです、「子どもたちは日本の宝だ、子どもたちにはシャブ（覚せい剤）は売るな。子どもたちをシャブ漬けにしてレロレロにしたら、日本がガタガタになってしまう。俺たち暴力団は成り立たなくなる」。

でも、いまは違います。「子どもたちにどんどん売れ。とくに女の子は二倍儲《もう》かる」といいます。なぜなら、子どもたちは、自分たちの間で勝手に薬物を広げてくれます。一〇人とか一五人の少年非行集団がいたとして、そのうちの一人に、覚せい剤一グラム、もしくはシンナー一リットルが手に入ったら、非行集団の全員が覚せい剤やシンナーを使ってしまうのです。みんなやっているからという単純な理由だけで、いとも簡単に手を染めます。しかも女の子は、薬物依存にしてしまえば売春させられるから二倍儲かるというわけです。こんなことからも、若者の薬物乱用は感染症といいます。

これが、現在の薬物乱用期の怖さなのです。だから、国を挙《あ》げて、われわれが対策に向かっています。でも、残念ながら負け続けています。

いまの日本で、一〇代の子どもたちの二人に一人は、いままでの人生やこれからの人生で身近で薬物について見聞きする。そして全体の二五パーセントは誘《さそ》われ、全体の二・六パーセントは使うといわれています。この二・六パーセントが五パーセントを超えると、薬物による犯罪が目に見えて増え、一〇パーセントを超えると日本は滅ぶとさえいわれています。

「薬物に関しては、日本よりもアメリカのほうが蔓延《まんえん》している。アメリカのほうが重大な危機ではないか」と思われるかもしれませんが、じつはアメリカより、日本のほうが怖いのです。階層社会のアメリカでは支配層、つまり国を動かすような知識階層の人たちは薬物を使いません。薬物を使っているのは一部の層の人たちです。

ところが日本では、薬物に関して政治家や芸能人が逮捕されたり、あるいは一般人、会社員や学生が逮捕されることからもわかるとおり、あらゆる層あらゆる年齢の人たちに薬物が蔓延してしまっています。薬物の種類については、たとえばマリファナはインテリ系の薬物といわれて、大学生、芸能人、政治家たちの間に多かったり、あるいは安価で比較的入手しやすいシンナーは、子どもたちや生活の豊かでない人たちの間に広まっているという特徴はあります。

でも、階層や世代に関係なく薬物が入ってきていることは憂《うれ》うべき事実であり、そのなかでもとくに、子どもたちの薬物乱用が圧倒的に増えているのが現状です。

第二章
こころを病む子どもたち

虚《うつ》ろな目

私にはいま、とても心配なことがあります。

私は「夜回り」を通じて夜の世界を歩き回り、さまざまな子どもたちと触れ合ってきました。最近、この「夜眠らない子どもたち」が急速に変わりました。彼らの目から、私は「目力《めぢから》」と呼んでいますが、輝きがなくなってきています。かつて夜の世界の子どもたちは、自分たちを捨てた昼の世界への怒り、憎しみなどで目がぎらぎらと輝いていました。あるいは、ふてくされている子どもたちでも、斜めでにらみつけてくる「目力」をもっていました。

ご存じのとおり、いまは各地で暴走族が減少しています。これは警察の取締りが厳しいということもありますが、加えて、いまの子どもたちには、以前の子どもたちのように暴れまわるエネルギーや、その気力さえもなくなっているのではないでしょうか。昼の世界の大人たちに復讐《ふくしゅう》しようという、その憎しみすらもてなくなって、虚ろな目をした子どもたちが増えてきています。

でもこのことは、私が数年前からかかわってきた、こころを病む子どもたちにも通じていると思います。私の講演、あるいは私のもとに相談に来る子どもたちには、「目力」がまったくありません。虚ろな目が明日《あす》を見失い、死へと向かっています。

家庭で、あるいは中学校や高校の教室で、子どもたちの目を見てみてください。瞳《ひとみ》は輝いていますか。明日の夢をもつことができずに明日を捨て、自分の存在すら見失い、何のために生きているのかわからなくなっている、追いつめられた子どもたちの目が輝くわけがありません。でも、子どもたちをここまで追いつめているのは、いったいだれなのでしょう。

いまの日本で、この「目力」のない、生きる気力を失った子どもたちが増えています。このままでは日本の多くの子どもたちが死んでしまいます。自殺という形で身体を殺す子どもたちも増えていくでしょう。でもそれ以上に、自らのこころを殺してしまって、薬物やただ一夜のなぐさめに救いを求める子どもたちや、あるいはバーチャルという仮想現実の世界のなかで、インターネットのサイトや携帯電話、メールと向き合ってしか生きられない子どもたちが、今後ものすごい勢いで増えていくのではないでしょうか。

私たちの国はどうなるのでしょう。私たちの大切な子どもたちはどうなってしまうのでしょう。

夜眠れない子どもたち

警察庁のまとめによると、二〇〇四年の日本の自殺者数が三万人を超えたと発表されました。成人の自殺者数についてはほぼ横ばいになりました。一九歳以下の子どもに関しては五百数十人ですが、今後、子どもたちの自殺はもっと増えるだろうと私は考えています。

学校や家庭で傷つけられた子どもたちのなかで、もっとも純粋で優《やさ》しい子どもたちは、自分を責《せ》めています。「私なんかいないほうがいい」「もうみんなに迷惑はかけられない」とすべてを自分で抱え込み、その重圧のなかで夜眠れずに、一人暗い部屋のなかで苦しんでいます。

現在、日本中のほとんどの中学校と高校には、この問題に苦しんでいる多くの生徒がいます。深夜、親や教員がぐっすりと眠っているときに、インターネットやメールに生きるための救いを求めながら、かみそりやカッターナイフを手にして自分で自分の身体を傷つけることで、あるいは市販薬や処方薬を大量に飲むことによって、死ではなく、生き抜こうと苦しんでいる子どもたちがいます。すべては明日を生きるためなのです。

五年ほど前、私は新しいタイプの問題行動を起こす高校二年生の一人の少女とかかわることになりました。その問題行動とは、リストカットとOD（Over Dose　処方薬を一回の処方量を超えて過剰摂取すること）でした。

この少女の両親は、彼女が小学生のときに離婚しました。その後、父親は再婚し、母親も再婚したため、家を失った彼女と姉は祖母に預《あず》けられて育ったそうです。幼くして両親がいなくなった寂《さび》しさは、どれほどだったでしょうか。

しかも、彼女は小学校時代から、姉からは暴力を受け、学校ではいじめにさらされていました。そして、中学校時代からリストカットをはじめたのです。これに気づいた祖母が心療内科に連れて行くと、今度は医師から処方された向精神薬を一度に数十錠も服用し、いまのつらい状況から逃《のが》れようとしていました。

このような状態が何年か続き、死を考えていたそのときに、私が彼女の学校に講師として招かれたのです。彼女は私の講演を聞いたあと、私に最後の望みを託して、私のいた校長室に相談に来ました。校長先生が二人きりにしてくれたら、彼女はぽろぽろと涙を流して泣きはじめたのです。「座りなさい」といって座らせた数分後、彼女が制服の左袖《そで》をすっとまくりました。彼女の左腕内側には、手首から肩の近くまで無数のかみそりで切った傷痕《きずあと》、リストカットでした。そのうちの三本は血管を切り裂くほど深く深く切っていました。

私は思わず「痛かったなあ」と傷痕をなでながら、「でも、ごめんな。先生、君のために何ができるかわからない。先生がいままで一緒に生きてきたのは、夜の世界でやんちゃやってる元気のいい子たちばかりで、リストカットの子は一人もいない。でも、やめたいのかい」と聞いたら、「うん」というのです。「ようし、わかった。じゃあ、先生、勉強してみる。先生と一緒に生きてみるかい」

私は、痛々しい彼女に対して、精神科医でもなくカウンセラーでもない一介の生徒指導の教員として何ができるのか、不安を抱えたまま彼女と生きはじめました。毎日が試行錯誤《しこうさくご》の連続、インターネットやさまざまな出版物、文献などを通じて、さらに友人の専門医たちや各機関の協力を得て、リストカットやこころの病《やまい》について学びました。

そして、この事実を二〇〇三年九月に一本のテレビ番組として放映しました。さらに、翌年の春には一冊の本にして出版しました。このテレビ番組や本は、こころにさまざまな傷をもち、苦しんでいる子どもたちや若者たちに、「水谷が気づいたよ、一緒に考えようとしている大人が、まずは一人ここにいるよ」というメッセージを伝えるものでした。その結果は、ひと晩で数百件もの相談メールととぎれることのない相談の電話。私と「夜眠れない子どもたち」の出会いでした。

私のもとに届いた相談のほとんどすべてには、昼の世界、家庭や学校で自己の存在を否定されて苦しみ、そのなかで非行や犯罪、あるいはリストカットなどの自傷行為、自殺願望へと追いつめられている子どもたちの叫びが刻《きざ》まれています。

　このときから私の毎日は、これらのメールや電話にひたすら生きて欲しいというメッセージを伝える日々でした。そして、子どもたちからの一つひとつの相談に、あるケースは学校の先生への相談でつなぎ、あるケースは心療内科に、あるケースは精神科に、またあるケースは児童相談所にと、その子の状況を聞きながらもっとも的確と思われる各機関に介入してもらいました。私が直接かかわることになったケースも数百件を超えています。

自傷はこころの叫び

　リストカットなどの自傷行為は、ほとんどのケースで、子どもたちのこころの叫びです。その子どもたちは、自傷したくてしているわけではないのです。パンパンになったこころを、自傷することでやっと「ガス抜き」している。自分で自分を傷つけることによって、かろうじてこころのバランスをとって生きているのです。それまでに受けたこころの傷から死へと向かう誘惑を、なんとか断ち切ろうと生き抜いています。自傷行為は、最初は生きるための行為なのです。

自傷行為がはじめて社会問題として取り上げられたのは、一九五〇年代のアメリカにおいてだといわれています。第二次世界大戦後の繁栄を謳歌《おうか》して、その繁栄から経済が急速に不況になったころのアメリカの、ある女子刑務所と精神医療機関の女子病棟で、ほぼ同時期に収監者や患者の間にリストカットが見られました。そして、短期間に同じ房や、同じ病室の収監者や患者の間に、リストカットが広まっていったという報告が出されています。

このことからもわかるように、リストカットなどの自傷行為は、物質的な繁栄から経済が停滞し閉塞《へいそく》的な状況におかれた人が、こころのなかにさまざまな葛藤《かっとう》をため込んでしまい、さらに、そのこころの叫びを何らかの方法で外に出すことができない場合に、自己表現の一つの方法として発生します。

しかし、子どもの自傷行為を目にしたとき、親や教員、あるいは友だちのほとんどは、必ずといっていいほど「やめなさい」「なぜそんなことをするの」といいます。

また、その行為を責めたり、しかったりします。でも、これらの自傷行為を、無理にやめさせることはとても危険です。自傷行為を否定したり、だめだととめてしまったら、パンパンになったこころの「ガス抜き」ができません。だから、死ぬかしかなくなるのです。「やめなさい」ということは、子どもを死に追い込むほどのひどいことばだと私は思います。

問題なのは、自傷している事実ではなくて、なぜ自傷してしまうのかということです。その背景にある原因を探し出すことが重要であって、その原因を解決せずに自傷行為をとめるのは、とても困難なことですし、非常に危険なことなのです。

学校関係者のなかには、自傷行為などのこころの問題は生徒指導の職務外で、養護教諭やスクールカウンセラーの仕事だと考える人も多いと思います。しかし私は、子どもたちのこころの病は、すべての教員が、担任として、生徒指導担当として、あるいは一人の教科指導担当として、目を背《そむ》けることなくかかわらなくてはならない課題だと考えています。少なくとも、そこまで子どもたちを追い込んでしまったこの社会をつくった加害者である一人の大人として、人間として、きちんと向き合わなくてはならない課題だと考えています。

快感が依存に

こころの病の問題について、とくに自傷行為についてわ、わが子がはじめたときに多くの親は、「こころが弱いから」「しっかりしないから」といって、すべてをその子のこころの甘え、あるいは逃げで片づけようとします。でも、これは違います。

じつは自傷行為には、非常に恐ろしい側面があります。

たとえば、リストカットは身体を刃物《はもの》で切るわけですから、切れば当然痛いと感じます。これは普通の考え方です。でも、じつは人間の脳にはさまざまな働きがあります。痛いと感じるのは、切ったときに流れる血を見て脳内に神経伝達物質のアドレナリンが分泌《ぶんぴつ》され、このアドレナリンが、身体に異常が起きたすぐになんとかしなければならないと感知して、心臓の動悸《どうき》を早め、痛みを本人に自覚させているのです。それと同時にこの痛みを緩和《かんわ》する脳内の神経伝達物質、エンドルフィンが有名ですが、これが脳のなかで分泌されます。たとえば、包丁《ほうちょう》やナイフで指を切ったとき、最初の痛みは時間がたつにつれて緩和されていったという経験はありませんか。でも本来、痛み自体は変わるはずはないのです。では、なぜ痛みが緩和されていくのかというと、脳のなかでエンドルフィンが、痛みを感じる脳の部分を麻痺《まひ》させているからなのです。

じつは切るという行為は、このエンドルフィンという快感物質を脳のなかで分泌させるという働きをもっています。ですから、リストカットを繰り返す間にリストカットが苦痛ではなくなるケースが多いのです。むしろ切ることが快感になる。身体がエンドルフィンの分泌を求めて、「切れ、切れ」といってくるのです。

これはある意味でのアディクション、依存症です。このケースなどは本人のこころの問題というよりもむしろ病的なものなので、当然精神科医によるきちんとした治療で治すことができます。

でも残念ながら、ここまでわかっている親はほどんどいません。

リストカット

自傷行為には、さまざまな形態があります。手首を鋭利《えいり》な刃物で切るリストカットや、半袖の夏服になると増える上腕《じょうわん》を切るアームカット、火のついたたばこなどを押しつけて肌を焼く根性焼き、広義では、ピアスをたくさんつけたり、身体にピアスをするボディピアス、あるいは、身体にたくさんの入《い》れ墨《ずみ》やタトゥーを入れることなどがあります。

私のもとに届いた膨大《ぼうだい》な量の相談のうち、最初の半年間に相談メールを送ってきた約三万人を詳細に分析した結果があります。三万人のうちのおよそ五パーセントが薬物について、およそ五パーセントが少年非行や少年犯罪を繰り広げる子どもたちの親から、そして、およそ九〇パーセントが一〇代、二〇代のこころを病んだ子どもたち、「夜眠れない子どもたち」からの相談でした。

これは延べ数ではなく、個別の相談者の精査結果ですが、小学生・中学生・高校生

学　齢	男　子	女　子	総数（人）
小学校 4 年	1	0	1
小学校 5 年	3	7	10
小学校 6 年	24	71	95
中学校 1 年	81	786	867
中学校 2 年	95	1359	1454
中学校 3 年	319	3024	3343
高校 1 年	247	3051	3298
高校 2 年	492	6118	6610
高校 3 年	526	4958	5484
総数（人）	1788	19374	21162

自傷行為の学齢別・性別メール相談件数
（2004 年 2 月 10 日〜2004 年 8 月 31 日）

からの自傷の相談メールが二万人を超えて届きました。その九〇パーセント以上は女子からの相談です。相談の最年少は小学四年生の男子からのものでした。その具体的な学齢と性別の分類は上の表のとおりです。

リストカットでは男子は少数ですが重《じゅう》篤《とく》なケースが多く、対応に一刻を争《あらそ》うことが多々ありました。これは、女子に比べて男子の場合は、我慢に我慢を重ねるため、リストカットをはじめるときには、すでにこころがいっぱいいっぱいの状態だということです。哀《かな》しいことに、自殺を意識しながらリストカットをしている子がほとんどでした。

リストカッターでも学校に通学できている子どもの場合は、手首に浅く傷をつけているくらいの軽症のケースがほとんどでした。学校で多くの人たちに囲まれ、いじめや無視などのこころの被害にあっていても、人に対して何らかの救いや接触を求めている場合は、まだ軽度ですむことが多いようです。また、他者に知られたくないという気持ちが多少の抑止力にもなっているようです。

不登校や退学して引きこもりとなっている子どもの場合では、血管に到達するまで深く切ってしまう重篤なケースが目立ちました。人間関係をつくることが不得意な子どもたちは、孤立化したなかで自己意識に閉じこもり、死に救いを求めてさらに深く切ってしまうことが多いようです。

また、部活動やクラスの仲良しグループが集団でリストカットをしているという相談も多く、なかには、友人のリストカットをとめようとしているうちに、自分もはじめてしまったという子どももいました。

生きるために切る

私は、この問題にきちんと取り組むまでは、リストカットなどの自傷行為は、自殺願望の一つであろうと考えていました。しかし、いまは違います。子どもたちは、生きるために切っているということに気づいたのです。親からの虐待《ぎゃくたい》やこころないあつかい、学校でのいじめや人間関係のもつれなどで、こころがいっぱいいっぱいになった子どもが、リストカットなどの自傷行為で、そのこころにため込んだものを吐《は》き出しています。

学齢的には、やはり高校進学がこころへの圧力として重くのしかかる中学三年生と、こころがいちばん不安定な時期といわれる一七歳、高校二年生と三年生からの相談件数が多く見られました。

原因については、正確な数値的分類はまだ終えていませんが、おもだって目立つ理由は以下のとおりです。

①家庭における虐待
②学校におけるいじめ
③過去の性的な被害
④親の過度な期待への適応疲れ
⑤失恋
⑥友人関係

とくに、①から③の理由でリストカットしている子どもたちは、重篤なケースが目立ちました。また、男子の場合は、ほとんどの理由が②のいじめでした。

また、症状については、自傷行為をはじめて二〜六ヵ月は、刃物の先を軽く押しつけて傷痕をつくったり、たばこの火を肌の近くまで近づけて軽いやけどをつくったりと、軽微なものがほとんどでした。しかし、この期間にさらに追いつめられると深く切りはじめ、一度出血を見てしまうとさらに切り込むという悪循環に陥《おちい》っているケースが多く見られました。ただし、血管まで切り裂く行為を常習的に繰り返すケースでは、すでに精神科医に相談している子どもがほとんどでした。このような非常に危険で重篤なケースは、小学生や中学生ではまったく見られず、一七歳以降、高校二年生以降にとくに多く見られました。

また、この場合は、学校に在籍しているとしても定時制高校や通信制高校で、しかも不登校、あるいは引きこもりとなっている子どもがほとんどでした。

OD（薬の大量摂取）

ODとはOver Dose（オーバードーズ）の略称で、医師から処方された睡眠薬や抗うつ剤、向精神薬を一回に指定された量以上に服用することや、一部の麻薬成分の入った市販薬を一度に数十錠と過剰に摂取することです。このODが、中学生や高校生の間に広まっています。まず、市販薬のODについて見ていきます。

じつは、市販薬の一部には、薬効のために微量ですが麻薬成分を含むものがあります。エフェドリンや麻黄《まおう》、コデインやアセトアミノフェンなどの成分が含まれたものです。これらの市販薬を一度に数十錠単位で服用すると、それぞれの成分に応じて、禁止薬物であるヘロインや覚せい剤を乱用した場合と同様の抑制効果や覚せい効果が得られます。かつて、市販されていたある咳止《せきど》め薬を一部の高校生や大学生が乱用し、精神障害を引き起こした事件がありました。社会問題にもなったことから覚えている人も多いと思います。のちにこの商品は、そのなかに含まれている麻薬成分を減らしました。

しかし、そのほかにも数多くの危険な市販薬が一般に販売されています。本来これらの危険な市販薬は、薬事法で対面販売が義務づけられ、さらに、一人の客に大量に販売しないように指導されています。しかし、一部の大型ドラッグストアやこころない薬局では、一度に一〇箱二〇箱とこれらの市販薬を販売していることがあります。また、薬物乱用者のなかには、いくつかの薬局を回って買いだめしている子どももいます。

あるとき、私のもとに中学一年生の一人の少女から相談の電話がありました。この少女は、小学五年生から生理がはじまりましたが、その生理痛が重いことから、母親は自分が使っていた痛み止めの市販薬を少女に与えました。少女は小学六年生のときに学校でいやなことがあり、家でも母親からしかられて、落ち込んでいたそうです。ちょうどそのときに、この痛み止めの薬のことを思い出しました。「この薬は飲み方を間違えると危険だから、決まった量以上に飲んではだめ」と母親からいわれていたそうです。少女は死のうと思って一度に十数錠を服用しました。ところが、実際に飲んでみると、死ぬどころかふわっとした軽い気分になり、こころがとても楽になったそうです。

それからは、いやなことがあるたびに痛み止めの薬の乱用を繰り返し、私のもとへ相談に来たときには、週に一度は数十錠を乱用していました。そしてこの時点で、少女の身体は薬に対して依存が形成されていました。

これらの市販薬の乱用については、インターネットのサイトで「気持ちのよくなる薬の使い方」などと紹介され、一部の高校生たちの間で広まっています。

私のもとへの相談は、受験校の男子生徒からのものが多く、受験への不安を解消するために乱用し、苦しんでいるケースが目立ちます。

処方薬の乱用

本来の意味でのODとは、医師から処方された睡眠薬や抗うつ剤、向精神薬を指定された量以上に服用することですが、このケースも目立って増えていますし、重篤なものがほとんどです。

たとえば、学校へ行こうとするとめまいや動悸、息苦しさなどのパニック症状が出て、繰り返し激しい不安や恐怖に襲われたり、精神的に不安定な状態が続いたり、自傷行為を繰り返した場合、子どもたちは心療内科や神経科、精神科に通院するようになります。その病院で症状に適した薬を処方されるわけですが、最初は指定された分量を飲めば楽になります。そのうちに子どもたちは、もっと多く服用すればさらに楽になるのではないかと思うようになり、一回の分量をはるかに超えて服用するようになります。こんなことを繰り返している間に子どもたちの身体には処方薬依存が形成されてしまい、これらの処方薬をつねに大量に服用しないと、精神的な安定がはかれず、眠ることもできなくなってしまうことが多いのです。

私のもとへの相談でも、こんなケースがあります。

高校二年生になる不登校の女子生徒が、精神科の病院を数軒回って処方薬を集め、毎日数十錠をアルコールとともに服用し、これらの処方薬がなくなると自殺未遂《みすい》を繰り返していました。現在、この女子生徒は精神科の病院に入院して薬物からの離脱《りだつ》を試《こころ》みています。でも、残念ながら前途は多難です。

処方薬は麻薬成分の含有量が、市販薬とはまったく異なります。私たち薬物問題の専門家の間でも、処方薬の乱用は治療がむずかしいといわれ、もっともやっかいな後遺症を残しやすい危険な行為として考えられています。肝臓や脳に大きなダメージを与え、治癒《ちゆ》することのない障害を残してしまいます。

ほんとうの治療とは

現在の日本で、子どもたちが処方薬を入手することはとても簡単です。心療内科や神経科や精神科に行って、眠れないと訴《うった》えれば、睡眠薬や安定剤を大量に処方してくれます。でもこれは、ほんとうはとても怖《こわ》いことなのです。

いい精神科医とそうでない精神科医は、どこで見分けられるかご存じですか。だいたい三回行けばわかります。ろくに話も聞いてもらえず、三分とか五分の診療で「この薬を飲んでくださいね」と、三回続けて薬しか出さなかった精神科医はだめです。二度と行かないほうがいい。

夜眠れないという人でも、薬を使えば当然眠れるようになります。でも、その薬を半年、一年と長期間にわたって使い続けたら、薬なしでは眠れなくなってしまいます。こんなことが眠れないことの解決策ではありません。

むしろ、薬を使うことによって、こころの病が悪化してしまうこともあります。

たとえば、いじめの対象になっていることが原因で学校に行かれない子どもがいるとします。この子にある薬を使えば、次の日から学校に行かれるようになります。この薬は覚せい剤の一種ですが、使えば、「お母さん、なんかいじめられたくなってきた。いじめられるって楽しそうだね」といって学校に行きます。学校でいじめられたら、「もっといじめてよ、いじめられるってこんなに楽しかったのか」となる薬です。でも、これは本来の治療でしょうか。また、学校へ行かれないことの解決策なのでしょうか。

いいえ、私はそうは思いません。この子は数ヵ月後には薬物依存が形成されてしまい、この薬なしでは生きられなくなります。さらに使い続けていると、数年後には廃人になってしまいます。

ほんとうの治療というのは、まず、なぜその子が眠れないのか、何がつらいのかを知ることです。親の過干渉や過剰期待か虐待か、学校のいじめが原因なのか、本人に聞いたうえで、その子に最適な方法で、早急に対処することだと私は思います。たとえば、親の過干渉や過剰期待なら、親と話し親に対して指導する。親からの虐待ならば、児童相談所に通報して子どもを守る。学校でのいじめなら、教育委員会や校長先生にかけ合って、それをとめる。子どもたちを守るためにきちんと動くこと、これがほんとうの意味での治療であり、子どもたちを救える道だと私は考えています。

これができない医師はだめです。でも、日本の精神科医でここまでできる医師は全体の何割いるのでしょうか。とにかく薬を使えば症状が一時的に改善されるので、親や子どもたちからは喜ばれます。それに薬を処方すればお金にもなります。

処方薬は麻薬成分を含むものもあり、使えば量が増えていくこともあります。とても怖いものなのです。

不登校と引きこもり

文部科学省の調査によると、平成一五年度では、全国の国・公・私立の小学校と中学校で、一二万六〇〇〇人以上の不登校の児童生徒がいます。この数字はわずか一〇年で二倍に増えています。みなさんのまわりでも、不登校の生徒が一人もいない学校を探すことは困難でしょう。ちなみに、文部科学省の定義によると、不登校とは、病気や経済的な理由による者を除いて、小学校や中学校で年間三〇日以上欠席した者ということです。でも、調査や定義の対象は小学校と中学校までで、高校は対象外なのです。なぜかというと、高校は義務教育でないため学校で定めた規定以上の長期欠席をすると進級できません。そのためにほんとうは不登校であっても、自主都合という名目で退学するしかなくなるのです。このように高校生の不登校は、国では把握《はあく》できていないのが実情です。

また、厚生労働省の調査では、日本には約三〇万人の引きこもりの人がいるとされています。しかし、実際には就学年齢でない二〇代や三〇代の引きこもりの人もいるため、民間機関の推定では一〇〇万人以上、あるいは二〇〇万人近いという発表もありますが、引きこもり問題の専門家は一三〇万人ほどと推定しているようです。この正確な数値についてはどこの機関も認識していないはずです。なぜなら、本来は地域行政が引きこもっている人たちのことを把握すべきなのに、その調査がなされていないのが現状だからです。いままでこの問題は、国からも地域行政からも放置され続けてきました。今後、この問題の調査と対策は早急に進める必要があります。実際に、引きこもりの問題については厚生労働省が動きはじめています。

不登校や引きこもりの問題は、今後、日本の大きな社会問題となっていくでしょう。日本の引きこもり人口が一三〇万人ということは、一三〇万人の社会資本としての労働人口が減り、国民健康保険、国民年金保険が壊滅《かいめつ》的ななかで、その納付者を日本は失っているということです。これは日本の経済に大きな影響を与える由々《ゆゆ》しき事態です。

しかし、経済面以外でも大きな社会問題に発展するだろうと私は考えています。なぜなら、人は何らかの社会に帰属し、人と人との関係性のなかで自分を確認することによって明日を拓《ひら》いていきます。その帰属する社会を失ってしまうことは、その時点でこころの成長がとまってしまいます。これは本人にとって非常に不安であり、こころが不安定になります。その結果、こころを病み、自殺者が急増したり、犯罪に手を染《そ》める人が増えてしまうのではないかと私は危惧《きぐ》しています。記憶にあるところでは、新潟県柏崎《かしわざき》市の女性監禁事件、兵庫県での親族七人殺害事件、いずれも引きこもりがちな傾向のある人の犯行とマスコミでは報道されました。

こころの成長については、私は薬物の世界で気づきました。一四歳でシンナーを乱用しはじめて、覚せい剤に移行して二〇歳になった青年とかかわったときのことです。腹を割って話せば話すほど、彼は一四歳の少年のまま。薬物を使いはじめたときから、こころの成長がとまってしまったのです。

たとえば、一二歳から不登校になって、三〇歳まで引きこもりを続けた人がいるとします。この人を実年齢の三〇歳だと思って接しても無理なのです。この人の精神年齢は一二歳でとまっています。なぜなら、人間は実体験を通じて人と触れ合っていかないと、こころが成長していかないからです。

では、この三〇歳になった一二歳のこころをもつ引きこもりの人が、もう一度社会に出て人間関係をつくろうというときに、どの世代の人に会いに行くと思いますか。じつは一二歳の子どもたちのところに行くのです。

原因を探す

引きこもりや不登校の問題には、すみやかに対処することが重要です。なおかつ、教育の分野だけでなく、関係機関全体で取り組まないと大変なことになると私は確信しています。

怠学《たいがく》（さぼり）による不登校の場合は、学校現場では生徒指導の課題として取り組む必要があるでしょう。

しかし、それ以外の理由については、生徒指導の仕事なのかと疑問視している先生も多いと思います。でも、不登校や引きこもりには必ず原因があります。家庭での親からの虐待や関与、あるいは学校でのいじめや教員との不適応など、原因はさまざまです。私は、これらの問題解決も生徒指導の仕事であると考えています。他の生徒との関係や教員との葛藤などが原因として考えられるケースでは、その問題解決の中心に立ち、状況によっては他校への転校やフリースクールなどとの連携をはかる必要もあります。とくに、その原因が家庭内での虐待などの場合は、児童相談所に通報し生徒を守ることが重要です。そこまでいかない軽いケースでも、親と生徒の間に立ちながら、その問題の解決にあたります。

ただし、不登校や引きこもりの原因が、潔癖症やパニック障害など生徒自身の神経症に起因している場合は、当然ながら心療内科や神経科、精神科の専門医による治療と指導を最優先に対応する必要があります。

親をサポートする

教員が不登校や引きこもりの生徒とかかわる場合、そのほとんどは生徒本人へのさまざまなアプローチを通して、問題解決をはかろうとします。しかし、私の経験では、それだけでは不十分ですし、子どもによっては悪い状況をつくり出してしまうことすらあります。

不登校や引きこもりでいちばん苦しんでいるのは、当然子ども本人ですが、その子の家族、とくに母親も同じように苦しんでいます。なぜなら、不登校や引きこもりになってしまった以上、その子のそばにいるのは家族だけなのです。母親はとくにわが子のことになると、とにかくなんとかしなければと、すべてを一人で抱え込む傾向にあります。

そんな苦しみのなかで母親や家族の子どもへの対応は、あるときは優しく、あるときは厳しくと混乱しがちです。このような混乱した対応は、子どもに不安感や失望感を抱かせることとなり、さらに子どもを追い込んでしまうケースも多くあります。その結果、残念なことに、家族がバラバラになってしまったり、母親がこころを病んでしまうこともたびたび見受けられました。

そこで、家族、とくに母親がいかに孤立しないようにサポートしていくかも、これからのこの問題の解決にあたって、教員、とくに生徒指導担当に求められている仕事だと私は考えています。

まずは、それぞれの地域で、この問題についての施設や相談所を調べ、連携しておくことが重要です。不登校の子どもをもつ親の会や、各地にすでに開設されている不登校の子どもたちとかかわっている自助グループなどと連携して、同じ問題を抱える親たちや問題を克服《こくふく》した親たちとの交流の糸口をつかむこと。さらに、定期的に親と連絡をとり、学校が子どものことを心配していることを伝えるなど、多くのアプローチができます。

また、学校だけでなく、その地域を含めた協力が必要だと私は考えています。

たとえば、これは一つの提案ですが、とくに寺院など地域の宗教施設を活用してもらってはどうでしょうか。その地域の不登校の子どもをもつ親たちに「一人で悩まないで、ちょっとお話ししてみませんか」と、親たちの居場所として本堂を開放していただく。NPOなどと仰々《ぎょうぎょう》しくしなくてもいいのです。あるいは、身近にNPOで不登校の親の会などがあったら、週に一回本堂を開放する。親たちは週に一回寺院に集まって、こんなつらいことがあった、こういういいことがあった、じゃあ、この場合はどうしたらいいか、といった悩みや問題を共有するのです。また、たとえば夏休みになったら「本堂に泊まって、お経をあげてみませんかと」と誘《さそ》ったりしてもいいでしょう。一つの寺院で荷が重ければ、近くの三つ、四つの寺院にお願いしてもいいと思います。

人を癒《いや》す力

不登校や引きこもりなどのこころの病を、初期の段階で治す方法はあります。じつはとても簡単なことで、子どもたちが規則正しい生活をすればいいのです。

私は登山が大好きでした。教員時代には信州の八ヶ岳《やつがたけ》や富士山などに生徒たちとよく行ったものです。そこで生徒たちにごみ拾いをしてもらったりしました。そんなこともあって、八ヶ岳の山小屋の人たちはみんな仲間です。いまも八ヶ岳のある一つの山小屋には、薬物で苦しんでいる子や非行の子、あるいはこころを病んだ初期の子を、預かってもらうことがあります。

山小屋での生活は、早朝四時に起きてお湯を沸《わ》かすところからはじまります。でも、子どもたちはそんな時間に起きられませんから、山小屋のご主人に朝から怒鳴《どな》られます。昼間はまきを割らされたり、山のごみ拾いをさせられたりと大変な重労働で、夜には疲れはててしまいます。すると子どもたちは、薬を使わなくても夜はぐっすり眠れてしまうのです。この生活を一ヵ月ほど続けると子どもたちは変わります。

あるとき私は、かかわっていた中学三年生の非行少年を、夏休みのはじめに八ヶ岳のこの山小屋に預けたことがあります。一ヵ月後に父親がその子を迎えに行ったときのことです。父親は東京の大手出版社に勤務していましたが、野辺山《のべやま》というところから、泣きながら私に電話をかけてきました。涙声で「先生」と父親がいうので、私は心配になり「どうしたんですか、泣いたりして」と聞きました。すると「うちの子が、うちの子がね、車をとめて車から降りようというんです。降りたら、『お父さん、見てごらん、星がきれいだろう。お父さん、いつ見た、これだけの星。でも、山の上はね、もっときれいなんだ。お父さんも少し仕事を休んで、山小屋で働いたらどうかな。お父さんも病んでいるよ』」といわれたそうです。

大自然というのは、人を癒やす力がある。でも、都会や街のなかでも、自然環境に負けないくらいに人を癒やす力をもつものがあると私は思っています。それはどの街にも必ずある寺院や教会。宗教とは人を癒す力そのものなのではないでしょうか。

摂食障害《せっしょくしょうがい》

摂食障害とは、何らかの理由から自ら食べることをやめてしまう拒食や、その反対に過度に食べ続ける過食、あるいは食べるだけ食べて、そしてそれを吐くことを繰り返す過食嘔吐《おうと》のことをさします。すべてのケースが生命の維持に直接かかわるため、非常に危険な問題です。摂食障害はほとんどの場合、女子に現れます。少女たちが急激にやせていったり、その逆に急激に太ったりする場合は、注意が必要です。

摂食障害のなかでもっとも単純なケースでは、やせたいという願望から拒食になり、それが習慣化してしまう例です。私のもとにも数十件の相談がありました。このケースでは、親やまわりの大人たちは手を変え品を変えて、本人になんとか少しでも食べさせようとします。でも、拒食も習慣化すれば拒食症という病気になります。きちんとした精神科医の力を借りて対応することが必要です。

しかし、私のもとに寄せられた数千件の摂食障害の相談のほとんどは、過去にいじめや虐待を受けたり、暴行や強姦《ごうかん》の被害にあったというように、何らかの心理的な要因がからんだものでした。このケースでは、はじめから摂食障害になるということはほとんどありません。たいていその前に、不登校や引きこもり、リストカットやODなどの症状が続き、その結果として摂食障害になってしまう子どもがほとんどでした。もし、教員などが不登校の子どもの家庭に連絡する場合は、体重の変化について確認することで発見の手がかりとなることもあります。このケースでは生命の維持にかかわる重篤なことが多く、私は子どもたちを精神科医へ紹介していきました。

また私は、その原因が家庭の虐待にあることがわかった場合は、近くの児童相談所に通報し、学校でのいじめにあることがわかった場合は、その学校に連絡するという方法で問題解決に動きました。

さらに、父親からの性的虐待や、過去の暴行や強姦に原因がある場合は、各都道府県警の女性性被害対策の部署と連携するという方法で対応しました。

専門医の介入を

摂食障害でもう一つ注意しなくてはならないのは、本人が薬物を乱用しているケースです。

薬物、とくに覚せい剤は、その乱用によって二つの身体症状が現れます。一つは瞳《どう》孔《こう》が数時間にわたって開いてしまうこと。そしてもう一つは、胃が数日間にわたって収縮《しゅうしゅく》してしまうことです。

つまり、覚せい剤の乱用を続けると拒食症状になり、急激にやせていきます。しかし、覚せい剤の乱用をやめると、その反動で過食症状が現れます。そして、過食によって体重が急激に増加します。これを気にする一部の少女たちは、食べては吐くという過食嘔吐を繰り返すようになります。そしてまた、やせていきます。

このケースでは、薬物治療の専門医による介入が不可欠です。専門医の診断なしで対応することは困難だと思ってください。しかも総合的な治療として、入院加療が必要になることもあります。

いずれにしても、これらの摂食障害に対しては、精神科医の協力なくして対応することはとても危険です。学校や家庭では、地域で相談できる精神科医を見つけ、日常から連携しておくことが大切です。

「死にたい」

青少年の自殺が大きな社会問題となっています。家庭問題・学校でのいじめなどを原因として、尊《とうと》い命を絶《た》つ青少年が増加しています。しかし、それとは別に、自殺願望を語る子どもたちが急増しています。

私のもとに届いた相談メールや相談電話のなかでも、「死にたい」「死にます」「私なんか生きていてもしかたがない」といった自殺願望を書いたものが非常に多く、その数は一七万件を超えています。これらのメールや電話に共通していることは、親や教員などの大人に対する不信感と、だれからも愛してもらえないという孤独感。子どもたちがつむぐことばには、死を考えながらも救いを求めるせつない想いが読み取れます。この子どもたちのことは、「死に向かおうとしている子どもたち」と呼べばわかりやすいと思います。これらの子どもたちの一部が、インターネットの自殺系サイトに入り込み、自殺願望をさらに強くしてしまい、残念ながら、死に至るケースも発生しています。

これらの子どもたちに共通していることは二つあります。一つ目は「夜眠れない」こと。そして二つ目は、意識がつねに自分の過去や「いま」に向いてしまっていて、外にまったく向かないことです。昼間は親や教員、あるいは友人に、無理をしてなんとか落ち着いた顔をつくろっていますが、それが夜になると爆発します。子どもたちは、夜眠ることもできずにイライラやつらさばかりが募《つの》るなかで、死を意識するようになり、自分の死を考えるという悪循環に陥ってしまいます。

このケースでは、大人による子どもたちへの日常の声掛けが効果的です。「君を心配している大人がここにいるよ」ということを日々きちんと伝えていくことで、大きな問題となる前に、子どもたちから相談を受けることができます。そして、相談を受けたなら、その状況によって適切に、他機関や専門家と連携しながら対応していくことが重要です。

過去にとらわれて

少し前にあるテレビ番組で、私とともに生きている、リストカットと闘う少女や処方薬のODと闘う少女たちのことを放映したことがあります。放映後に私のもとに届いた相談メールや相談電話のほとんどが、リストカットとODに関するものでした。

私は、精神科医やこころの専門家などのさまざまな仲間たちの力を借りて、彼ら彼女らの相談に応じています。過日、仲間たちとこれらの相談メールを分析《ぶんせき》してみたところ、自殺願望にまで至っているケースに共通しているのは次の四つのことでした。

①過去において、何らかのこころの傷を負わされている

②何度かは、まわりに救いを求めたが裏切られ、人間不信に陥っている

③親も疲れはて、子どもに対して攻撃的になってしまっている

④「いま」を過去に起きたことにとらわれ、その苦しみのなかで、死を救いとしてとらえている

私はこのような死に向かおうとしている子どもたちに対して、電話は三分、メールは三行以内で、必ず答え続けてきました。

まず、過去に起きた彼女たちが抱えている問題については聞かない。私は子どもたちに話します、「よそう、話すのは。話せばもっとつらくなる。聞いたところで君の過去は変えられない」。いまおかれている状況についても聞きません。ただし、親がどういう人間なのか、学校がどういう環境なのかについては聞きます。なぜなら、私

が動けることはあるからです。

私がいつも子どもたちにいってきたのは、「過去は過去、人は人、でも君は君。人のために何かしてごらん、優しさを配ってごらん。きっと返ってくる『ありがとう』のことばや笑顔が次の君をつくる力のもとになる。過去は変えられないし、いまについても水谷はどうすることもできないけれど、明日は君と一緒につくれるんだよ」。

これがわかってくれた子、これができた子は救えます。

悲劇のヒロイン「自分病」

残念ながら私は、二〇〇四年からの二年間の闘いで、すでに九名の子どもたちを失いました。

この二年間相談を受け続けてきて、気づいたことがあります。じつは私のところに届いた膨大な量の相談メールや相談電話のうち、その九割以上がこころを病んだ、夜眠れない子どもたち、死に向かおうとしている子どもたちからのものでした。

でも、そのほぼ七割は、私は「自分病」と呼ぶのですが、人が、教員が、親が、自分を認めてくれないと苦しんでいます。そのなかで自分を守るために、「私は悲劇のヒロインなんだ」「私は特別な人間なんだ」「私はほかの人とは違う」と、自分の殻《から》のなかに閉じこもっている子どもたちでした。自分はこの世の中でもっともかわいそうな人間だと自傷したり、私を見てとばかりにゴシクロリータと呼ばれる特異な服装をしてみたり、あるいは、顔にたくさんのピアスをしたり、目を真っ黒に縁取《ふちど》りした特異な化粧をするという子どもたちでした。

そんな彼ら彼女らは、じつは非常に簡単に違う方向に向けることができます。彼らは身体を動かすことができますから、私は「まわりに優しさを配ってごらん。人のために」といいます。

たとえば、「先生、そんなことやったって、どうせ私なんか」という子に、「お父さんの靴《くつ》をみがいてごらん、きっとわかるよ。お母さんの洗濯物をたたんでごらん」といいます。夜になると死にたいといってくる自分病の子どもたちは、「そんなことしたって変わらない」と答えますが、「でも、やってごらん」と私はいいます。翌朝怒りの電話がきます。「靴をみがいたけど、お父さん何もいわなかった。洗濯物もたたんだけど、お母さんも何もいわない」「そうか、またあしたもやろうね」「いやだ」といって電話を切るのです。そして、その日の夜にまた電話がかかってきます。「先生、お父さんがケーキ買ってきてくれた、気づいていたよ。お母さんも気づいてくれて、『ありがとう』っていってくれた。私って生きていていいんだね。人のために何かして『ありがとう』っていわれるのって、すごく幸せなんだ」

これで、子どもたちのこころはほどけていきます。

希薄な人間関係

意識というのはおもしろいもので、自分のなかに向かってしまうと解決方法が見つかりません。私が子どもたちによくいうことばがあります。

「悩むのは答えが出ないから。答えが出ないことで悩む必要はない。答えの出ることは悩む前にもう答えが出ている。悩みたいことが出たら、それはちょっと横においいて、まず、いまを人のために生きよう。きっといつかその悩みも横においておくだけで解決するときがくる」

子どもたちはこれがわからずにいまの悩みにこだわり、悩みを自分のなかへ抱え込み、自分は自分はと、たくさんの子どもたちが「自分病」に陥っています。でもその背景にあるのは、人間関係の希薄さではないでしょうか。

いまの子どもたちは、人との交流が極端に少ないと思います。たぶん、多くの子どもたちには親と教員、友だちの三つの関係しかありません。この三つを失ってしまったら、子どもたちは社会から隔絶《かくぜつ》してしまいます。かつては地域のなかに怖いおじさんがいたり、優しいおばさんがいたり、さまざまなつながりがありました。家庭のなかでも核家族化する前は、優しくすべてを受け止めてくれるおじいさんやおばあさんがいました。

子どもたちに多くの出会いを、しかも良質の人間との出会いをつくっていかないと、子どもたちの「自分病」を防ぐことはできないでしょう。

第三章

子どもたちの明日のために

二一世紀はこころの時代

二一世紀はこころの時代だと私は思っています。

私は一九五六年、二〇世紀の後半に生まれました。日本では、二〇世紀の前半と後半では、まったく違う時代です。二〇世紀前半は帝国主義と呼ばれる時代で、国民は国に身をささげることを信条として走り続け、国同士が世界を奪《うば》い合うために争《あらそ》いました。日本は一部の列強《れっきょう》と呼ばれる国々のもとへ列をなして入り、アジアを侵略しました。各国が世界の富を自分の国へもたらそうと争った時代です。

二〇世紀の後半は、世界全体がある意味で反省に至った時代です。国よりもまず先に、国民のことを考えようという時代になりました。ただし、残念なことにアジアやアフリカ、南アメリカ等の国々を資本や財力で支配するという姿勢は変わりませんでしたが。

一九四五年、日本は第二次世界大戦の敗戦によって、すべてを失いました。

その結果、かつて以上の繁栄を、かつて以上の経済力をと、多くの国民が求めたのです。二〇世紀後半の日本は、世界の国々からエコノミックアニマルと揶揄《やゆ》されてまで働き続け、だれもが物質としての富に執着しました。富さえ手にすればきっと幸せになれるという風潮のもとに、みんなが無我夢中で生きてきました。

教育もそれに追いかけられ、多くの親たちが教育パパや教育ママになりました。そして、わが子を少しでもいい高校に入れて、大学に進学させれば、いい企業に就職できる。勉強がすべてだ。いい企業に勤めれば高給がもらえ、幸せな生活が手に入る。このように物質的な幸せを求めてだれもが努力し、その結果、日本はバブル経済に突入したのです。しかし、一九九一年にそのバブル経済は崩壊してしまいました。もうすでに、世界の富は飽和状態です。たとえば、日本が豊かになればどこかの国が貧《まず》しくなる。わが国のなかでも、だれかが豊かになればだれかが貧しくなるというような富の飽和状態になっています。

いま、日本人が歩いてきた道のりを振り返ってみると、二〇世紀の後半は富、地位、名誉《めいよ》などを追いかけまわして、多くの人が自分というものを見失ってしまいました。でも本来、ほんとうの幸せとは物質的な富はもちろんのこと、地位や名誉なんかではありません。

二一世紀はそれぞれの人が、自らの幸せとは何かということを考えるときです。このようなことに気づいた時代がはじまったと私は考えます。しかし、まだ答えが見つからず、もだえ苦しみ、虚《うつ》ろになっている時代、それがいまなのではないかと私は思います。

「先生の幸せとはなんですか。夜回りして朝までメールに答えて、それで幸せなんですか」とよく聞かれます。私はいつもこう答えます「幸せだよ。だって夜回りして子どもたちといろいろな話をする。家まで送っていくと、先生ありがとうって輝いた目。ちょっと前までは虚ろな目だったのに。その瞬間に私は幸せを感じるよ」。

私のもとに、「死にたい、死にたい、これから死ぬんだ」といって来た子が、かかわった数ヵ月後に「先生、いま私は老人ホームで働いています。ホームで今日一人のおばあさんがお漏《も》らしをしました。ほんとうは拭《ふ》いておむつを替えてあげるだけでいいんだけど、汚かったからシャワーしてあげました。その間中おばあさんが、目に涙をいっぱいためて両手で拝《おが》みながら、私に『ありがとう』っていっていた。私、先生がいっている人のために生きる喜びを知りました。先生、ありがとう」。こういうメールをもらったら、これ以上の幸せはありません。

二一世紀の日本はまさに、こころの問題に切り替えていく時代がはじまったと思っています。

日本といえば、私はつねづね疑問に感じていることが一つあります。本来、日本には仏教という伝統文化があります。仏教が日本に伝来してからおよそ一五〇〇年の歳月が流れました。本物だからこそ日本の文化となって残ることができた、この宗教の力を忘れてはいませんか。思い出してみてください、伝統ある私たちの宗教が、こころの時代を迎えた現代社会や大人たちに、そして、とくに子どもたちに対して何かしてくれているでしょうか。

不登校の子どもたちを見ていて思うことがあります。学校に通えなくなった子や社会に出られなくなった子はみんな、家に引きこもるしかありません。でももし、この子たちが寺院に行くことができたら、本堂の静かな雰囲気のなかで自らをもう一回考えられるのではないか。ご本尊《ほんぞん》に触れてもう一回こころを洗い直し、生きる力を求めてくれるのではないかと。

これはキリスト教の教会にもいえます。

本物だからこそ残り続けて歴史を刻《きざ》んできた宗教が、いま、子どもたちのこころのなかにいい影響を与え、また、子どものための居場所をつくってくれたらどんなにか助かるのにと、私はいつも思っています。

「こころの時間」に合わせる

時というものには、二種類あることはご存じですか。一つは時計が示す時で、客観的時間のことをいいます。これは、だれもとめることができない時間で、刻一刻、刻一刻と過ぎていきます。

この客観的時間とは別に、こころの時間、主観的な時間というものをわれわれはもっています。

たとえば、私は全国で講演をしていますが、私の九〇分の講演がつまらないものであれば、講演を聞いている人は二時間にも三時間にも、人によっては四時間にも感じるかもしれません。しかし、聞いている人にとって意味のあるものであれば、九〇分という時間が、わずか数十分、数分と感じられるかもしれません。

どうぞ思い出してください、愛する妻、あるいは夫との最初のデートの日を。うれしくて、楽しくて一日がわずか数分に感じられたのではないでしょうか。そういう時間があります。

この主観的な時間というものは、人や子どもによって一人ひとり違いますし、年齢によっても違います。

たとえば、できる教員というのは、もし四〇人の生徒がいたとしたら、四〇の時間を見きわめられます。そして、六〇分とか五五分の授業のなかで、どの子どものテンポにも合う部分をつくりながら、全体を一つの時間にまとめることができる人です。

講演も同じです。会場にいる人がもっている別々の時間をある意味で集約して、同じ時の流れをつくれるのが、ほんとうにいい講演だと私は思っています。

しかし残念なことに、いまの教育は、子ども一人ひとりの時間に合わせていません。つまり、子どもの目の高さでの触れ合いができていないのではないでしょうか。私には、大人たちが自分の時間を、とくに客観的な時間を子どもたちに押しつけているだけのような気がします。

落ちこぼれにさせられた子どもたち

教育界、とくに高等学校教育界では、一九八四年から一九九三年までを「荒れた一〇年」と呼びます。一九八三年は戦後三回目の少年犯罪多発期で、警察庁より「第三次少年犯罪多発期」という宣言が出されました。

ちなみに、戦後初の「第一次少年犯罪多発期」の宣言は一九五一年で、少年犯罪に関する専門家の間では「『貧しさ』ゆえの少年犯罪多発期」と呼ばれています。

次の「第二次少年犯罪多発期」は一九六四年に宣言が出されましたが、私はこれを「『寂《さび》しさ』ゆえの少年犯罪多発期」と呼んでいます。

「第三次少年犯罪多発期」が宣言された一九八三年は、学校内での生徒による犯罪がもっとも多かった年で、唯一《ゆいいつ》、二万件を超えました。全国各地で校内暴力、対教師暴力、器物損壊《きぶつそんかい》といって学校のものが大量に壊《こわ》されたり、放火されたり、ガラスがたたき割られたりしました。とくに、中学校が荒れに荒れた年でした。

私はすでに教員としての生活をスタートさせていましたが、連日のテレビや新聞でのマスコミ報道に、気持ちが暗くなっていたのを覚えています。そしてこの「第三次少年犯罪多発期」を「『落ちこぼれ』ゆえの少年犯罪多発期」と私は呼んでいます。

思い出してみましょう。貧しかった戦後を乗り越え、一九六〇年代の高度経済成長期を経て、一九七五年ごろに日本は経済成長の安定期に入りました。一億総中流といわれる豊かな時代を迎えていました。

あの当時に多くの親たちが学歴社会にとらわれ、教育第一、勉強重視となってしまったのです。わが子が高校・大学と受験戦争に勝って一流企業に就職すれば、わが子の将来は安定。自分たち親も安泰《あんたい》だ。教育、教育とだれもが叫んだ時期でした。塾産業が急激に伸びたのも一九七五年ごろからです。

では、みなさんにうかがいますが、すべての子どもは勉強すればできるようになりますか。

じつは教育界では、「七・五・三」という有名なことばがあります。「七・五・三」とは、小学校教育のなかですべての授業の内容を理解し修得できる児童は全体の七割、中学校教育では全体の五割、高等学校教育では全体の三割しかいないという意味で使われます。つまり、高等学校教育では、全体の七割の生徒が落ちこぼれてあたりまえ。中学校で五割の生徒が、小学校で三割の児童が落ちこぼれてあたりまえということです。

もともと高等学校教育というのは、一九五〇年代の中ごろ、大学卒業者がまだ数パーセントのころに、それを支える超高度の労働者を育成するためにつくられたカリキュラムです。たとえば、高校の全教科の問題集を解《と》いてみてください。六〇点を平均点として、ほとんどの人が全科目六〇点なんてとれるわけはありません。できなくてあたりまえなのです。中学校だって、全科目の試験をやって六割以上とれますか。最近では小学校だってむずかしいのです。だから、子どもたちができなくてもあたりまえなのです。でも、世の中全体が、ともかく全員を高校に入れるんだという風潮になり、落ちこぼれる子どもたちが出てしまったのです。

本来、教育というものは、一人の子どもにも落ちこぼれなどというレッテルを貼《は》ることを許してはならなかったはずです。

子どもの可能性は、無限だと私は考えています。それをどう伸ばしてやるかが、ほんとうの教育や子育てであるべきなのに、一九七〇年代後半、日本の教育界は方向を間違えて、偏差値重視、成績第一主義で子どもを評価するという方針に走ってしまいました。以来、学校教育が評価評定をつけるのは、子どもの一部分の体力・知識・技術・能力に対してです。しかし、この部分だけを見られて評価評定されてしまったら、子どもたちはつらすぎます。ある子どもは物をつくることが得意、ある子どもは歌を上手に歌える、ある子どもはお年寄りに対する優《やさ》しさをもっているといった、子どもたち各人の個性がまったく評価されません。

この落ちこぼれにさせられた子どもたちが、学校を中心として非行や犯罪を繰り広げたのが「第三次少年犯罪多発期」ということです。

無限の可能性

私の教員としての人生観が変わったのは、二四年ほど前に横浜《よこはま》のある養護学校、身体の不自由な子どもたちの学校に勤務したときからです。

その前年に起きたある事件がもとで、身体の不自由な子どもたちの学校に異動になった私は、すっかり意気消沈していました。高校で授業をやるべく教員になったのに、同じ高校とはいえ、養護学校でやることといえば、手の訓練をしたり、おむつを替えて、うんちを漏らした子どものお尻《しり》を洗い、ごはんを食べさせればぱっと吐《は》かれる。いわば、子どもたちの日常の介護がおもな仕事になります。こんな毎日に、私はうんざりしていました。

そんな六月のある日、私は一人の子のお尻をシャワーで洗ってあげることになったのですが、仕事にやりがいや楽しみなどを見いだせませんから、すべてにいい加減です。シャワーが温かくなるのも確認しないで、冷たい水をお尻にかけてしまいました。すると、その子が「ぎゃあっ」といったのです。

それを見ていた先輩教員が、私をバシッと殴《なぐ》っていいました「この子に何の罪がある。君に何をした。この子には君しかいないのに、そういうことをした。もう辞《や》めろ。君には教員をやる資格はない」。本気でしかってくれたこの先輩教員は、いまも私の大切な親友です。

このときにわかりました。教員というのは、こうしたい、ああしたいからと思って学校を選ぶものではなくて、生徒がいてはじめて教員になれる。その生徒のためにいい教員になることが、ほんとうの教員の道なのだと。そうか、俺にはこういう生徒がいたじゃないか、俺はいままで何をやっていたんだと深く反省しました。もうそれからの私は「小便がしびんにかかってるぞ」といえる、そんな教員になりました。

この養護学校に、M君という子がいました。この子は重度重複という重い障害で、身体は車椅子《いす》から動けませんし、光の明るさもわからない、目の前で手を動かしても、何の反応もない子なのです。

ところが、このM君には、ある感性がありました。養護学校では、重度の身体障害をもつ一三人の子どもたちを、男性二人と女性二人の四人の教員でみていたのですが、やらなければならない仕事があふれてくると、イライラすることがあります。教員四人の感情がぎくしゃくして、険悪《けんあく》な雰囲気になると、M君が「けけけけけ」と笑うのです。「あ、M君が笑ってるよ。俺たちのこと心配しているんだね。もうやめようよ、仲良くやろうよ」と自然に雰囲気がなごみました。

もし、この子に走ることを求めたら無理です、走れません。学ぶことや大学へ行くことも求められないし、物をつくることもできないでしょう。でも、この子のもっている天性の才能というのは、まわりの人の気持ちを察することができる。察したら間《かん》髪《はっ》を入れずに、喜びとか哀《かな》しみを私たちに出してくれるのです。この子が私たちのこころに優しさを教えてくれる、それだけでも十分な宇宙にたった一つの存在であり、彼の才能だと思います。

私は、あのときに強く感じました、どんな子にも無限の可能性があることを。

そして教育というのは、本来、根のないところや種がないところで、無理やり伸ばそうとすることではありません。その子が自ら自分の可能性はどこにあるのか、自分の明日《あす》への種はどこにあるのか、それに気づくまで待つことです。そしてその子が気づいてくれたら、まわりに人とのいい出会い、いい本との出会い、いい授業などといった栄養分をゆっくりゆっくり与えてあげる。子どもたち自らがそれを伸ばし、花咲かせることを助けることが教育なのです。

できなくてあたりまえ

子どもたちのこころの成長には、時間と余裕が必要です。子どもたちにはじっくりと考える時間が、親や大人にはそれを見守る余裕が必要です。

子どもはとても不完全な存在です。子どもは大人の期待を裏切るし、できなくてあたりまえなのです。

親や大人の考えを強制することなく、どうしたいのかを子どもたちに問いかけ、自ら選ばせる。時間がかかる、子どもが失敗するとわかっていても、とにかくやらせるのです。大人から見たら多少は危険なことだとわかっていても、子どもが自分で決めたのなら、やらせてみて、親や大人はそれを黙って見守っている。その代わりに、失敗してしまったら、その結果に自分で責任をとらせ、きちんと後始末《あとしまつ》つける方法を考えさせるのです。

これを繰り返さない限り、自分でものを考え、ものを決定し、その行動に責任をもち、成し遂《と》げるという、私たち大人が社会であたりまえに求められている能力、この考える力は身につかないのではないでしょうか。

しかし、残念なことにいまの親や大人はそれをしていません。親や大人たちにゆとりがなさすぎるのです。子どもたちが一歩踏み出すことをサポートできている親が、いったいどれだけいるのでしょうか。

いまの日本の子育てや教育には、これが欠けています。

定時制高校

私は一五年前までは、横浜市立のある進学校で、高校の社会科の教員として生徒たちと学びながら、部活の顧問として、とても幸せな日々を過ごしていました。

しかし私は、一人の仲間とのけんかから、定時制高校に異動することになりました。一二月のある日、親友が「水谷、俺、教員辞めるかもしれない。会ってくれないか」といつもとは違う暗い声で電話をかけてきました。彼は東京にある定時制高校の教員でしたが、とても暗い声だったので、「わかった。じゃあ、あの駅前の寿司屋で待ってるぞ。俺ボーナスもらったから、今日はごちそうするよ」といきつけの店で会ったのです。

寿司屋で飲むわけですから、当然刺し身の盛り合わせに生ビールを頼みます。その刺し身の盛り合わせを見た瞬間に、彼が「おい、水谷、寿司だってねたを選ぶよな。腐《くさ》った魚でうまい寿司はできないだろう。俺たち教員だってそうだよな。おまえは、日本の明日を担《にな》うような優秀な生徒を相手に、そりゃいい授業ができるだろう、いい教育が。でも、俺は定時制高校。うちの学校に来る生徒はナンパか暴力か。そんな腐った生徒を相手に、いい教育はできない」といったのです。

次の瞬間、私は彼をしかっていました。「ふざけるな、おまえは間違えている。思い出せ、赤ちゃんが生まれくるときのことを。どの赤ちゃんが、僕は将来親を泣かせてやる、人を傷つけてやる、人を殺してやる、私は将来身体を売ってやる、薬物を使ってやる、リストカットしてやる、こころを病んでやる、死んでやるって生まれてくるか。どんな赤ちゃんだって、お父さんお母さん、生んでくれてありがとう、幸せになりたい、幸せにしてねって、真っ白なこころで生まれてくるじゃないか。だれがその子どもたちのこころを汚して腐らせたんだ。たしかに腐らされた子どもはいるだろう。でも、その子どもたちのこころを生き返らせるのが、われわれ教員の仕事じゃないか」

しかし、彼がいいました「そんなのきれいごとだ。口だけならだれでもいえるよ」。「よし、俺が行く、俺が定時制高校に行ってやる。その代わり、おまえは教員をやる資格はない、辞めろ」とその場で激しい口論になってしまいました。こんないきさつがあって、彼は教員を辞めました。新年度の人事異動の希望調査はすでに終わっていたのですが、私は校長先生に申し出ました。そのときの校長先生のひとことが私の人生を決めてくれたのです。

「校長、なんとしても定時制高校へ行かせてください」と頼むと、校長先生が「水谷先生、君は社会科の教員としても、部活の顧問としても、横浜の高等学校教育の明日を担う人間だと思っている。なんで定時制高校なんかに行きたいんだい」といいました。すかさず私は「校長、それ差別だ。新聞に書いてもらいますよ」と、校長先生を脅《おど》して定時制高校の教員になりました。

思えば、一九七〇年代から一九八〇年代はじめの非行少女や非行少年はかわいかった。女子の制服は、いまのようなすけべな短いスカートではなく、くるぶしまで隠れるほどの長いスカート。男子はボンタンという太いズボンに白いベルトをして。制服の裾《すそ》をずるずると引きずっていますから、彼らが歩くだけで街のなかを掃除《そうじ》していました。男子は短ランと呼ばれる、短い制服の上着に、髪型はもちろんリーゼントです。だれが見ても、一目で非行少女や非行少年とわかりました。

さらに、あんなに学校を愛していた子どもたちはいません。上着には、俺はけんかから逃げないよという意味で「喧嘩《けんか》上等」と書き、その横に「〇〇中命」と書かれていて、彼らなりの幼くも「自分はここにいるよ、見て、見て」というつたない自己表現でした。

ところが学校は、あの時代にこの子どもたちを徹底的に排除してしまいました。排除された子どもたちの行き着く先が、じつは定時制高校だったのです。荒れに荒れた時代でした。だから、私の親友が「うちの学校に来る生徒はナンパか暴力」といったのもわからないではありませんでした。

あえて、誤解のないように記《しる》しておきますが、いまの定時制高校は、あの当時とは違います。

ご存じのとおり、近年の日本では子どもたちの数が非常に減少しています。その影響もあり、学校の存続自体が厳しくなっています。多くの定時制を含めた高校が閉校になっていることも事実です。このような状況ですから、ほとんどの子どもたちが全日制高校に入学できます。

しかしいま、定時制高校は、まったく新しい問題を抱えた子どもたちと生きていく、新しい教育の場に変化しつつあると私は考えています。七、八年ほど前から、定時制高校に入学してくる子どもたちの様子が変わってきました。

暴力的な事件を起こした子どもたちではなくて、いじめなどを含めたさまざまな理由で中学校に通えなかった不登校の子どもたちが、全体の七割ぐらいを占《し》めています。また、私が教鞭《きょうべん》を執《と》っていたのは横浜ですから、外国、とくにアジアの諸国から親とともに来日した子どもたちが入学してきました。ベトナム、ミャンマー、ラオス、タイ、フィリピン、インドネシア、中国、韓国などいろいろな国の子どもたちと知り合いました。そして、身体などに障害をもっていても、養護学校ではなくて高校の勉強をしたいという子どもたちもいました。さらに、七〇歳や八〇歳の高齢者で、戦後の混乱期のなかで高校に入れなかったけれど、勉強したいという人たちが通ってきました。

これらの人たちの、学び直しの場に変わってきています。

でも、残念ながら全国各地で定時制高校が閉校になっています。その理由は簡単です、費用がかかるから。もともと定時制高校は中学卒業の勤労青少年、金の卵といわれた子どもたちのためにつくられたものです。その使命は終わったといわれれば、それは私も認めます。でも、いま、中学校に通えなかった多くの子どもたちが、定時制高校に通うことで社会復帰ための第一歩、集団生活に戻ることができています。ぜひ、この現実をもっと広く知ってもらいたいのです。

そして私にとって定時制高校は、日本でいちばん守りたい教育機関の一つです。

「夜回り先生」

私が、定時制高校の教員として最初に赴任《ふにん》した学校は、生徒数八〇〇名という全国最大の定時制高校でした。現在は閉校になってしまいましたが、横浜は中華街の入り口にありました。線路を挟《はさ》んだ向かい側は日雇いで働く人が多く住んでいる地域で、まわりには日本を代表する広域暴力団の事務所だらけという環境です。

定時制高校では、授業が終わるのは夜九時、部活が終わるのは夜一〇時半を過ぎてしまいます。生徒たちにはそれからが放課後で、繁華街《はんかがい》や近くの公園などで楽しく語り合っていました。しかし、ある意味で学校はとても危険な場所にありました。

なんとか生徒たちを早く家に帰したいとはじめたのが、のちに子どもたちやマスコミから「夜回り」と呼ばれる、深夜のパトロールです。動機はとても単純なものでした。最初は、自分の学校の生徒だけに声を掛けて注意していたのですが、すぐにすべての若者たちに声を掛けるようになりました。なぜなら、私にとってはみんな大切な子どもたちだからです。

毎晩のように午後一一時ごろから夜の街を歩いてパトロールし、街角にたむろする若者たちに、早く家に帰るように話します。帰らない子どもがいれば、朝まで話し込みました。大人の私がそばについていれば、安全だからです。そのうち、子どもたちと目障《めざわ》りなエッチなビラや立て看板を片づけるようになりました。こうして一五年の歳月が流れました。

当時からよく聞かれました、「なぜ、そんなことをするのですか」。「子どもたちが心配だから」と私は答えていますが、ほんとうは寂しくて、大好きな子どもたちとのこころの触れ合いを求めていたのです。私は、大人になりきれない大人でした。

私は『夜回り先生』（サンクチュアリ出版）という本を書いたとき、こころを病んでいる子たちに「もう君は、一人じゃないよ。水谷が気づいた、相談してごらん」とメールアドレスと自宅の電話番号を公開しました。わずか二年ほどで、私のもとへは一九万件を超える相談がありました。メールやわが家の電話は鳴りっぱなしの状態ですが、全部読んで丁寧《ていねい》に返事を書いています。メールには「死にたい、死にたい、死にたい」「痛い、痛い、痛い」「苦しい、苦しい、苦しい」と書かれ、なかには自分で切った血だらけの自分の手を携帯メールで送ってくる子や、「ここから飛び降ります」と書いてビルの八階から携帯メールを送ってくる子もいます。多いときには、私のところから、日本全国で十数台の救急車やパトロールカーに出動してもらったこともあります。

こんな二年の闘いで、残念ながら私は九名の命を失ってしまいました。病死が二名、自殺が四名、事故死が三名。一人も死なせてはならなかった尊《とうと》い命でした。これが日本の子どもたちの現状です。

現在、日本にはこころを病んだ子どもたちが一〇〇万人を超えているといわれています。空虚になってしまった子どもたちのこころを、一人でも多くの子どもたちを救いたいというせつなる願い。これをほどく鍵《かぎ》は、身近なところにあると私は思っています。人のこころを豊かにし、平穏《へいおん》を保たせるものが、じつは本来の宗教だったのではないでしょうか。ほんとうの意味での宗教界がきちんと動いてくれれば、多くの子どもたちは救えるのではないかと私は考えています。

また、当然のことながら、日本のこの攻撃的な社会、子どもたちを攻撃してしまうイライラした大人たちのあり方にも問題があると思っています。子どもというものは、優しいことばやあったかい愛を多く受ければ受けるほど、少年非行や少年犯罪、こころの病《やまい》から遠ざかります。また、優しさや愛を深く受ければ受けるほど、少年非行や少年犯罪、こころの病に対してもその傷は浅いと思います。

愛や優しさが失われたいまの私たちの社会で、そのいちばんのゆがみやひずみが、子どもたちを追い込み追いつめている、私はそう考えています。

「いいんだよ」

講演で日本中を歩いている私が、会場に子どもたちを見つけると必ず聞くことがあります。それは「君がいま通っている学校で、この一年間に、先生から褒《ほ》められた数としかられた数、どっちが多いか手を上げてください」という質問です。

中学校と高校では、ほとんどの子どもたちは、しかられた数が多いほうに手を上げます。そんなとき私は、「君たちの担任の先生に伝えてくれ。水谷がいっていた、先生をやる資格なし、即、辞めなさい」と伝言を頼みます。

二二年間の教員生活で、私はただの一度も子どもたちをしかったことがありません。もちろん、怒ったことや怒鳴《どな》ったことなどありませんし、だめだよといったことすらありません。子どもたちに対して、「そうするな」という否定的なことばはいったことがない。子どもをしかるというのは、単に先生が自分に自信がないからだと、私は思います。

私が生徒たちやかかわった子どもたちにいちばん多くいったことばは、子どもたちもいっていましたが、「いいんだよ」です。たとえば、人を傷つけてしまい警察に捕まった子にも、「いいんだよ、もうしようがないだろう、やってしまったことは。でも、やったことはちゃんと償《つぐな》おうよ」といいます。自傷やODをやめたいのにやめられないと悩み苦しんでいる子にも、「昨日までのことは、いいんだよ。まず、今日から一緒に考えよう」とメッセージを送ります。

このメッセージに触れてはじめて、子どもたちは自分自身を丸ごと受け止めてもらえたと感じるのでしょう。

ほんとうの教育とは

五年ほど前の二月に、こんな事件がありました。私が最後に担任を受け持った定時制高校のクラスで、財布《さいふ》がなくなったのです。イタリア製の人気ブランドで二万七〇〇〇円相当の財布、なかにはアルバイトの給料二万円が入っていたそうです。四万七〇〇〇円相当の盗難事件に、クラスは大騒ぎになりました。

一人の生徒が、「水谷先生、〇〇さんが盗《と》ったよ。私見ました」と私のところにいいに来ました。盗ったと名指しされた子は、母親と二人暮らしです。母親が病気で入院していたので、生活保護を受けていました。以前に彼女は、「先生、私、学校を辞めて働く」といいましたが、「君が働いて毎月一〇万円稼《かせ》いだとしても、生活保護の八万七〇〇〇円が打ち切られるから、正味一万三〇〇〇円ぐらいにしかならないんだよ。お母さんは、君が高校を卒業することを望んでいる。授業料とかは先生が面倒みるから、卒業しようよ」と私が励ましていました。

私は、失敗したと思いました。ともかくその日の放課後、クラスの生徒たちを教室に集めて、盗難事件のあらましを話したうえで、子どもたちに聞きました、「君たちに聞く。今日の事件、だれが悪いと思うかい」。子どもたちはいっせいに「盗ったやつ」と答えました。

私は「違うよ、君たち。だれが悪いかもわからないのか。俺だ、水谷が悪い。俺は君たちの担任、君たちの学校の父親だ。君たちに、教室を出るときは自分のものはちゃんとロッカーに入れて管理しなさい、と指導する義務があった。先生、こんなこと教えなかったな。ほら、教室の入り口の札《ふだ》を見てごらん。管理責任者水谷修って書いてあるだろう。俺はこの教室を見回って、忘れ物があったら預《あず》かったり、部屋に鍵を掛けたり、ちゃんとしとけばよかったのにしなかった。だから俺が悪い。先生のもっているお金だけじゃ足りなかったから、校長先生と事務室からも借りてきて、五万円ある。この封筒のなかに入っている。これで勘弁《かんべん》してくれな」といって、財布を盗られた彼女に渡しました。

そのとき、事件を目撃した子が「先生、私は納得《なっとく》できない。○○さんが盗ったのを見たからね」と叫び、盗ったと名指しされた子がしくしく泣きはじめました。「わかった、君が見たのなら、何かはあっただろう。でも盗ったと決めつけるのはちょっと早急だな。いい財布だなと見て、戻したかもしれない。ここでは話が聞けないから、別の部屋で聞いてくる。ちょっと一緒に行こうな」といって、泣いている子を別の部屋まで連れて行きました。

長い廊下を歩いていく途中で、私が「君だね」といえば、「先生、ごめんなさい」というのはわかっていました。彼女が身体の前でかたく握りしめているバッグのなかに、財布が入っていて、お金が入っていることもわかっていました。

別の部屋に行って、扉《とびら》を閉めた瞬間に私がいったのは、「悪い、君じゃないことはわかっているよ。いい財布だなって見て戻したよな。ごめんな、みんないら立っているから、一応こういう手順踏まないと、みんなが納得しない。悪かったな。もう泣くな。よし、戻るぞ」と二人で教室に戻りました。

教室では、「彼女はいい財布だなって見たけど戻したって。先生は信じるよ。いいかい、君たちは俺の生徒、俺の子どもだ。だから、君たちはみんなきょうだい。もうこの教室のなかでこんな思いはいやだ。もういいじゃないか、これで終わりにする。いいね」といって、この件は終わりにしました。

三年前の三月三日は彼女たちの卒業式でした。横浜市立の定時制高校は、入学から卒業までの四年間クラス替えをしません。生徒と担任がずっと同じクラスなのです。

卒業式が終わったあとで、あの子が、「先生、三階の図書室に来てください」と私にいいました。私は事件のことをすっかり忘れていました。三階の図書室で二人きりになったら、「先生、これ」と茶色い封筒を差し出したのです。

なかを見たら、千円札がたくさん入っていました。たぶん五〇枚入っていたのでしょう。彼女はあれからも一生懸命働きました。働いても生活保護のお金が打ち切られてしまうから、毎月数千円しか手元に残らない。そのなかで、五万円を二年間で貯《た》めた。尊い、尊いお金でした。

彼女はこういいました「先生は、私が盗ったのを知っていたんだよね」。「ああ、知ってたな」「じゃあ、なんで先生は、あのときにいわなかったの」「だって、君が悪いわけじゃない。君は人のお金をわけもなく盗るような子じゃない。お金が必要な理由があったんだろう。そんなとき俺に、先生貸してくださいっていえるだけの人間関係を、二年も君の担任をやっていながら、つくっていなかった俺が悪い。だから、俺が責任をとった。もう過ぎたことだからいいんだよ。ところで、就職おめでとう。この五万円は君への就職祝いだ。お母さんのためじゃなくて、自分のために何か買いなさい。ただしあのブランドだけは買うなよ」といいました。

あのとき、あの子に「君だね」といっていたら、彼女は学校を辞めるしかなかった。では、彼女はいまごろどこにいたのでしょう。夜の街ですか。

子どもたちの一〇年後、二〇年後を想像しながら、子どもたちを見守っていくことが、ほんとうの教育だと私は考えています。

異文化での出会い

私は、出会いというものが人を成長させるし、出会いによって人は変われると考えています。人と人は、たとえ電話でいくら話をしてもお互いにわかり合えるはずはない、こころも通じ合えるはずがありません。人は直接出会うことでさまざまな人生のきっかけをつかんだり、あるいは自分のなかで学んでいくものです。いま、子どもたちは、その貴重な出会いをふさがれています。また、子どもたち自身も出会うことに背を向けていると感じることがあります。

私は大学時代の数年間をヨーロッパで過ごしました。異文化に触れてさまざまなものを学びたい、そして学んだことを生かせるような学者になる、作家になるんだと夢を描いて、意気揚々と一人日本を旅立ちました。ところが世の中はそんなに甘くありません。ドイツに行ったのですが、当時のドイツには外国人の大学入学希望者のための語学学校は少なくて、なかなか入学できませんでした。結局、受けた大学の語学試験に落ちてしまい、そのままヒッピー、放浪者となりました。

でも、そんななかでもつねに、私なりに優しさを配って、私なりに出会いを求めていた気がします。

私は高校時代から語学が好きで、もっとうまく英語が話せるようになりたいといつも思っていました。そこで、知恵を絞《しぼ》って考えました。私の高校時代には横浜の大桟《おおさん》橋《ばし》にさまざまな外国の旅客船が入港しました。船から降りた外国人観光客たちのところへ行って、「僕は横浜に住んでいる高校生ですが、あなた方のガイドをしたい。僕を無料でいいから使ってくれませんか」と声を掛けていたのです。そのなかで知り合ったご夫婦がいます。彼はハンス・ゲオルグ・ガインといい、ドイツの造船会社の幹部でした。当時四〇代の彼は奥さんとの何回目かの結婚記念ということで、はじめての船旅で日本に寄りました。そのご夫婦を案内したのです。滞在中に小さなわが家に招待して、私の母の手料理を食べてもらったこともあります。

私はヨーロッパに出発する前に、このご夫婦に、ドイツに留学することを手紙で知らせていました。大学に入ることもできず居場所がなくなり、所持金も底をついてほんとうに苦しくなったとき、この彼に電話をかけたのです、じつはいま困っていると。彼の家はハンブルクの近くのブッフォルツという街にあるのですが、彼が「うちにおいで」といってくれました。このひとことがどれだけあったかくて、ありがたかったか。

私が訪ねて行くと、彼はいってくれました、「何日いてもいいよ、この家は君の家だ。ここで次をどうするか考えてごらん。お金がいるなら、君の将来にかけて少し貸してあげることも、あげることもできるよ」。

私はすぐに彼の家で働きはじめました。洗濯をしたり、冬だったので雪かきをしたりして、毎日手伝いました。なかでも彼が私にいちばん望んだのは料理、和食をつくることです。ある日彼が、子どもたち二人はまだ日本に行ったことがないから、寿司を食べさせてやりたいというのです。もちろん私は快《こころよ》く引き受け、魚を買ってきて、適当に見様見真似で寿司をつくりました。とても喜んでくれましたが、次はのりで巻いた寿司が食べたいというのです。のりはスーパーマーケットで売っていましたが、肝心の巻きすがありません。そこでいいアイディアが浮かびました。薄いぺらぺらの下敷きにカッターナイフで細く何本も傷をつけて丸められるようにしたのです。それで巻くわけですが、滑《すべ》ってしまってなかなかうまく巻けません。それでもなんとかのり巻きらしくできました。あとから思えば手巻き寿司でよかったのでしょう。

将来への不安と焦《あせ》りのなか、私はもう一度作家になる道を考えました。ヨーロッパでさまざまな経験や体験をして、それを本に書きたいと思ったのです。

ドイツでは学校に所属していないため就労許可証がもらえません。そこで、ほんとうはやってはいけないアルバイトをしました。彼の家から電車でハンブルクの街に出て、街頭でギターの弾《ひ》き語りをしたのです。当時現地では日本の歌など聞いたことがありませんから、日本で流行《はや》っていたフォークソングをドイツ語に訳して歌うと、結構お金になりました。かぐや姫というグループの「神田川」という歌でかなり稼がせてもらいました。

そのお金を貯めて、私はパリに向かいました。

自ら出会いを求めて

パリでも、私は出会いによって救われました。

当時私は、パリの貧しい街中にあるレアンブレ通りに面した、いちばん汚いホテルの屋根裏部屋に泊まっていました。ある日、今日は何をしようかなと外へ出た瞬間、一台の小さなマイクロバスが道路の溝《みぞ》にタイヤを落としてしまいました。動けないで困っているのを見て、私は英語で「僕も手伝うよ」といって、車を後ろから押しました。なんとか無事にタイヤが上がったそのとき、車の窓から毛むくじゃらの手が伸びてきたのです。ぎょっとなった私は握手してから、人間ではないことに気づきました、チンパンジーでした。マイクロバスの持ち主は、サーカスに出演しているチッコリーニファミリーというチンパンジーづかいの一家です。お父さんとお母さん、男の子が三人に女の子が二人の七人家族で、子どもたちといっても二〇代でしたが、世界中のサーカスに自分たちの芸を売りながら歩いていました。

車を押したお礼に、近くのカフェでワインをごちそうになったのですが、そのときお父さんから、「もうすぐブルグリンサーカスというのがエッフェル塔の下の広場ではじまるよ。あしたでも練習を見にくるかい」と誘《さそ》われました。

翌日、もちろん私はその広場に出かけました。裏口から入れてもらったのですが、ちょうど目の前でアポロという演技をやっていました。大砲のなかから人間がピョーンと数十メートル飛び出して、ネットの上に落ちるのです。運悪くその日はネットをきつく張りすぎていて、大砲から飛び出したアメリカ人は地面に落ちて足を骨折してしまいました。ところが、三日後にはサーカスの公演がはじまります。アポロはサーカスの呼び物でした。座長が私をじっと見つめて何か考えています。当時私はウエストが七三センチほどと細く、ヨーロッパ人に比べてお尻も小さかったのです。座長は大砲と私を見比べて、彼なら飛べそうだと思ったのでしょう。チッコリーニのお父さんから私のことを友だちと聞き、「どうだい、やってみるかい」と誘われました。

私はその日から猛烈《もうれつ》な特訓をして、サーカスで飛ぶことになりました。当時は一フランが六五円でしたが、午後と夜の公演で二〇〇フランになり、一日で一万三〇〇〇円、結構な稼ぎでした。

本来、いい大人とのいい出会いが人を変えていきます。

しかし、いまの子どもたちは一人の大人にしくじり、何かトラブルが起きると、「大人なんて」とこころを閉ざしてしまいます。また、一人の先生とけんかすると、「先生なんて」とこころを閉ざして学校に行かなくなります。でも、君のまわりに大人は何人いますか、君のまわりに先生は何人いますか。一人の大人に裏切られたら一〇人の大人に相談してみよう。一人の先生にいやな思いをさせられたら、一〇人の先生にそれを訴《うった》えてみよう。そういう出会いをもっともっと求めてほしい。そのなかでしか、子どもたちの明日は来ないような気がしています。

「考えること」を学ぶ

私は祖父の看病のために、放浪していたヨーロッパから日本に呼び戻されてしまいました。それが原因で半《なか》ばやけになり、大学には行かずに連日朝方まで遊び続けていたのです。

　そんな二月中ごろのある夜でした。私はいつものように「今夜は家に戻らない」と母に電話を入れると、「待っている人がいるから帰ってきなさい」といわれてしまいました。私はもちろん、母のことばを無視し、朝日が昇るころにそっと自分の部屋に戻りました。驚いたことに、私の部屋には布団《ふとん》が敷いてあり、そこには秀先生が寝ていました。渡辺秀《わたなべしゅう》先生は、当時私の大学で学科長をされていました。

　私が部屋に入ると、先生はむっくりと布団から起き上がりました。スーツ姿でネクタイをしたまま、布団に横になって私を待っていたのです。

　そして、ただひとこと「お帰りなさい」。これにはまいりました。私が黙って下を向いていると、「大学に戻ってきなさい。まずは少し寝ましょう」といって横になりました。まさに、ことばの静けさが、こころに刺さりました。私にとって人生でもっとも強烈な出会いでした。

　私は、その四月から大学に戻ることができました。母が乏《とぼ》しい収入のなかから大学の授業料を払い続けてくれていて、学籍が残っていたのです。

大学に戻った私は、哲学、とくに秀先生が教えてくださった現象学に夢中になりました。現象学とは、ドイツの哲学者フッサールにはじまる学問で、現におこなっている自分のそのつどの意識現象をきちんと見つめることを通して、自分や他者の本質を見ていこうとする方法論です。

すでにそのころの私は、哲学が人間の生存の意義や善など、普遍的なものへの問いに、答えを与えてくれるものではないことには気づいていました。

こうして私は、論理的に考えることの喜びを学びました。とくに、なぜ人間が二つのものを同一のものであるとか、違うものであるとかを認識することができるのかということを研究しました。この世にまったく同じものは存在しません。でも、私たちは一瞬の一瞥《いちべつ》で、その二つのもののなかに同一の部分と違う部分を見分けています。この意識構造を研究したのです。

思い起こせば、とても充実した楽しい日々。先生の研究室で連日夜遅くまで研究をしていましたが、いつもかたわらには先生の優しい目がありました。それから、秀先生が亡くなるまでの二四年間、秀先生は私の人生で唯一の先生、そしてこころの父親でした。先生のすべてのことばが、ことばだけではなくその目や指の動きすべてが、私にとって何かを語ってくれていました。

私は、秀先生から「教える」ことの意味を教わったのです。「教える」ということを「自ら生きる」こと、それを生徒に見せ、自ら学ばせること。これを学びました。

先生が亡くなった日、私は講演で九州の筑豊《ちくほう》にいましたが、先生の訃報《ふほう》を聞いて、一晩中泣きました。大声で泣きました。

矛盾《むじゅん》との闘い

私は、養護学校に勤務する前年に、一年間だけ女子校で教えていたことがあります。その高校は横浜市内にありました。

あの当時、これでも私は女子生徒たちになかなか人気があったのです。紅顔《こうがん》の美少年の若い先生ということで、手づくりのお弁当を五つももらったことがあります。なかには桜でんぶでピンクのハートマークが描かれていたこともあり、これにはちょっと照れましたが。

私はすでに学生結婚していたのですが、あえて公表することもないといわれ、結婚していることは生徒たちに話していませんでした。その年の九月に一人目の子どもが生まれ、ついうれしくて、授業中に「じつは子どもが生まれて」と私がいった瞬間に、五人ほどの女の子が泣きながら教室を出て行ってしまいました。それから一ヵ月間、クラスの子たちから「先生は私たちをだました」といわれ、授業をボイコットされました。最初からだますつもりなどまったくなくて、いわなかっただけなのに。

翌年の三月三日は、私のはじめての教え子たちの卒業式です。そのわずか二日前の三月一日に、学校で大変な事件が起きてしまいました。

私が授業を受け持っていた三年生の女の子二人から「米兵に厚木《あつぎ》のモテルに連れ込まれた。助けてほしい」という電話がかかってきました。私は「警察に通報するから、そのモテルの名前と部屋番号を教えなさい。トイレでもどこでも鍵のかかるところに閉じこもれ。いいかい二人とも、絶対に自分の身体だけは守れ」といって電話を切り、すぐに警察に通報しました。米兵はそのまま厚木の警察署に連行され、女の子たちも無事に保護してもらいました。もちろん私は、すぐに現場に駆《か》けつけました。

あのときほど、私は日本が占領されていると実感したことはありません。米兵は、高校生の女の子たちをモテルに連れ込んでいました。それなのにミリタリーポリス（MP）が来て、女の子たちの売春だというのです。怒った私は、英語でMPとけんかです。でも結局、米兵はMPに連れて行かれてしまいました。教員なら、その場で逮捕です。

その子たちの親たちもやってきて、無事でよかったといい合い、帰宅しました。そして、私は事件の概要を校長先生に報告したのです。

翌日は卒業式の前日ですが、授業は午前中で打ち切り。午後は卒業式の準備をする間もなく、緊急職員会議が開かれました。校長先生から「学校の名誉を汚《けが》したから、この二人の生徒を退学にする」といわれ、「なぜ名誉を汚したことになるんですか、あの子たちはむしろ被害者ですよ」と私が反論したら、「夜遊びしていること自体が、学校の名誉を汚した」ということで多数決を採られ、悔《くや》しいことに数票差で負けてしまいました。

私は悩みました。もし、あの子たちが私に連絡してこなかったら、確実に乱暴されていました。でも、あの子たちは高校を卒業できるわけです。あわやのところで乱暴は免《まぬか》れたけれども、学校に知られたために、高校を卒業できない。あしたの卒業式にはみんなと一緒に出席できない。私はこんな矛盾は絶対に許せないと思い、すぐに校長室へ向かいました。「校長、あなたは絶対間違っている。あの子たちを卒業させなかったら、俺、先輩に新聞記者がいるから、書いてもらいますよ」と私がいったら、校長先生からは「君は、私たちの学校の和を乱した。私の判断であの子たちは卒業させる。でもその代わりに、君は白紙の異動希望を出しなさい」といわれてしまいました。もちろん、私は白紙の異動希望を提出し、その結果、四月から新しい学校に異動になりました。

でも、うれしいこともありました。五年ほど前、神奈川県横須賀《よこすか》市のある小学校で講演をしたときに、校長室に一人のお母さんが泣きながら訪ねてきたのです。「先生」といわれ、私は見覚えがなかったので「ごめんね、思い出せないんだ」といったら、「あのとき、先生に助けてもらったうちの一人です」。そういわれてみると、たしかにあのときの女の子の面影《おもかげ》があります。あれからいろいろあったようですが、愛する人にめぐり会えて、子どもを授《さず》かり、母親になっていました。その子どもの学校で私が講演することを知って、わざわざ訪ねてきてくれたのです。

とてもうれしい再会でした。

教え子たち

私は、横浜市でも有数の受験校に四年ほど勤務したことがあります。社会科の教員として、部活の顧問として、たぶんどの子どもたちよりも充実した毎日を送っていました。先生というより、むしろ生徒に近い存在だったかもしれません。

日本史、世界史、現代社会と教えることが学ぶこと、授業が楽しくてしかたがありませんでした。夜は翌日の授業で使うノートづくりです。「よし、これをここで使って子どもたちの気を引いて」と一人でにやにやしながら勉強していました。

それでも、一部の生徒たちには見えたのでしょう、当時の私が背負っていた何かが。私は生きることや考えることに対して、何かを求め続けていました。そんな私のもとには、同じように何かを求める子どもたちが、自然と集まってきたのです。

哲学の本を一緒に読んだり、哲学を語ったり、教員として、とても満ち足りた毎日でした。

私は、この学校で何人ものかけがえのない子どもたちと出会いました。そのなかでも、いまも忘れることができない二人の教え子がいます。

一人はすべてに美しさを求める子どもです。考え方、生き方、世の中のあり方と、すべてに美しさを求める。しかし、残念ながら現実は彼を救えません。彼のまわりには汚れた想いが満ちていました。仲間たちの間だけでなく、教員や社会全体にも汚れた想いがあふれています。それでも、彼は美しさを追求し続けました。私は、彼のその純真さにしびれました。高校時代、彼はいつも私のそばにいました。現在は、東北のある県で絵を教えています。美しさを表現することを通じて、自らの力で美しさを世に出そうとしています。私には、めずらしい美しい出会いでした。

もう一人は、頭のかたい真面目《まじめ》な生徒です。彼は、私から哲学を学びました。そして、ほんとうのものを求める旅に出ました。いまの自分を否定することで、自ら成長しようとする、真面目すぎる想いを持ち続けた子どもでした。いつも、これでもかこれでもかと自己否定し、明日を、次の自分を求め続けます。現在は、北のさいはてで高校の教員をしています。いまも、今日の自分を否定することから明日の自分を見いだそうとしています。哲学的な生き方ですが、私は責任を感じています。罪深い出会いでした。彼は私と会おうとしません。どうしても私を抜くことができないからつらいというのです。でも、彼はもうすぐ私を乗り越えていきます。そんな予感がしています。

性を教える、教えない

いま日本では、性の問題について、大人も子どもも大きく混乱しています。ご存じのとおり中学生や高校生、一〇代の子どもたちの妊娠中絶などが増えています。また、一〇代の子どもたちの間でさまざまな性感染症も増えています。

国や大人たちは、性教育に関して、かつてはコンドームが性感染症予防や妊娠予防に効果的だから教えなさいといっていました。しかし最近は、コンドームの使い方を教えることはフリーセックスをあおったり、子どもの性の放逸《ほういつ》を招くことになるので、教えないほうがいいといっています。このように極端な方針変更に混乱しているのです。

この問題は、非常に大きく考えなくてはならない事柄だと私は思います。なぜなら、この混乱の直接的な被害者になっているのが、現実にいま生きている、私たちの明日を担う一〇代の、とくに女の子たちだからです。

私は、行政の担当者や政治家などとよく話すことがあります。

たとえば、核融合や核分裂を教えることは原子爆弾をつくることにつながる、危険だから教えないほうがいいという人がいます。でも、原子力発電所にはさまざまな意見がありますが、安全な策をこうじれば安全な利用ができる。その意味では、知識として教えなければならない。知識に罪はない。ただ、それをどう使うかということとは別の事柄です。この原子力の問題、科学的な事柄に関してはよく理解されていると思います。

性についても同様のことがいえるのではないでしょうか。現代の私たちのもっているもののなかでは、コンドームという避妊用具がもっとも効果的に妊娠を防ぎ、性感染症を予防できます。成人してから、あるいは将来結婚して夫との性交渉のときには、コンドームの使用を考えなさい。

これを小学生・中学生・高校生の子どもに教えることは、教員や親ならあたりまえのことだと思います。でもだからといって、どの教員やどの親が、コンドームをつければ自由にセックスしていいと教えていますか。そんな教員や親なんかいるはずありません。でも、それすらもやめなさいという国の意見があります。コンドームを教えないことと一〇代で、あるいは、結婚前に性的な関係をもつのはやめようよ、ということとは別のことなのです。

ちまたにあふれる間違えた性に関する情報、たとえば雑誌やマンガの本、テレビ番組、映画、ビデオなどを批判せずに、性に関する教育だけを批判してもなんの解決にもなりません。

かえって子どもたちを、知識がないゆえの妊娠、知識がないゆえの性感染症感染という、最悪の道に追い込むことになってしまいます。

命の尊《とうと》さ

私は、子どもたち自身に考えてほしいと思っていることがあります。それは命というものの尊さです。

私のもとに「死にたい」というメールがたくさん来ます。そのなかには、「私は中学生のときに好きな人とセックスして妊娠したけれども、まわりの大人たちから生むことを反対され、中絶しました。でも、いま二二歳になって、あのときのあの子のことを思い出すとつらい。死にたい」「二五歳になって結婚して子どもが生まれました。でも、大学生のときに援助交際をやっていて中絶したあの子も命だったと思うと、この子を愛せない。死にたい」。

こういうメールがたくさん来ます。

命というものをいかに大切にするか。命を大切にすることは男女の性の営《いとな》み、命をつくる営みだから、それも大切にしなければならないと考えるべきです。

いま、子どもたちの間では、性というのは愛を確認する一つの方法のように思われています。だから、多くの男の子たちが「俺のこと好き」と聞いて、相手の女の子が「好きよ」と答えたら、「じゃあ、抱いていい」となります。「結婚するまで待ってよ」と答えたら、「俺のことを愛してないんだろう」となる。「違う、私のことを愛しているなら、待って」と女の子がいえなきゃならないのです。それを「そうだね」といえる男の子がいなくなってきています。男と女の人間関係が子どもたちのケースでは、単なる性による触れ合いだけになっているようで、哀しい気がします。

子どもたちのこんな価値観を、根本的に変えていく必要があると、私は痛感しています。教員や親、大人は性を子どもたちにきちんと語らなければならない時期にきていると、私は思っています。

とくに生命倫理に関しては、これからの日本の宗教界に問われる課題です。なぜなら、キリスト教のカトリックやプロテスタントでは一貫した生命倫理観があります。

たとえば、カトリックは妊娠中絶を一切認めません。それどころか、マスターベーションも認めません。精子の段階で、卵子の段階で命ととらえていますから、精子を殺す行為は殺人なのです。コンドームの使用も認めません。コンドーム自体が、精子を殺す殺人用具と見るわけです。

このようにカトリックの生命倫理で一切認められない妊娠中絶ですが、たとえば強《ごう》姦《かん》されて妊娠したらどうすると思いますか。カトリックの世界では「生んでくださ い」いうのが生命倫理なのです。なぜかというと、大切な命だから。

だから、カトリックには孤児院がたくさんあります。生むだけは生んでください、その代わりに育てるのは宗教がやりますという、一つの筋《すじ》は通っているわけです。

また、生体肝移植やその他の臓器移植についても、カトリックは一切認めません。肺細胞を使ったり、ES細胞を使ったクローンについてもまったく認めない。これも生命倫理の問題です。

カトリックでは、これらの生命倫理観が全部書物になっていますから、神父は信者に対して、一貫性をもって答えることができるのです。

愛とは何か、性とは何か

不純異性交遊ということばがあるのはご存じですか。これがいま、忘れ去られています。

厳密に解釈すると、たとえば、小学生や中学生などの一五歳未満の子どもと二〇歳以上の成人が性行為をおこなえば、現在の日本では、次の三つの法律に違反することになります。

一つ目は児童福祉法違反です。二つ目は、地方自治体の条例で、長野県以外の四六都道府県が制定している青少年保護育成条例違反です。そして、三つ目には暴行罪があります。日本は一五歳未満の性行為は一切認めていません。

では、一八歳未満の一五歳、一六歳、一七歳の高校生と成人が性行為をおこなったらどうなるかといいますと、これも児童福祉法違反と青少年保護育成条例違反、不純異性交遊の罪になります。

私は講演でよく聞くことがあります「一七歳の高校生の男の子と女の子がいます。愛し合っていて将来を誓《ちか》い合い、セックスをしました。これは違法行為でしょうか」。だいたい会場にいる人の九〇パーセント以上は、セックスしても「いいんじゃない」と答えます。でも、残念ながら、これを不純異性交遊といいます。日本は一八歳未満の青少年の性行為は、原則として認めていません。

テレビドラマの金八先生風にいえば、性という漢字は、りっしんべんに生きると書くわけです。りっしんべんとは、こころが立つ、愛がある、愛が生まれているということです。愛だけでセックスするのなら、りっしんべんだけで、セックスと読めばいいのです。性という字は横に生きると書きます。また生きるという漢字の下に命と書けば、命を生む行為だということです。だから、その生まれてくる命を育《はぐく》めるようになってはじめて、その子を生む。いわゆる性ができるのだと私は考えています。

これらが前提にない性というもののあり方を、もう一度考え直さないといけないと思います。

社会全体がもう一度、性というのは命をつくる行為であり、非常に厳粛《げんしゅく》で重要な使命をもっているという原点に立ち返っていただき、単なる愛の確認だけではないという、性の重さを語るべきです。そして、いまこそ、愛とは何か、性とはどういう営みかを、子どもの年齢や世代に応じて、親なり教員なりが子どもたちにきちんと教えるべきだと私は思います。

寺子屋教育のすすめ

現状の学校教育を続けていたら、私は将来、日本の学校はつぶれるのではないかと思っています。いまの教員たちは、子どもたちを追いつめています。追いつめて、子どもたちを不幸にするような教育しかできない教員や学校なら、教員も学校もなければいい。

だったらもう一度、教育の原点ともいえる寺子屋方式に戻ってはいけないのですか。子どもたちが日常生活や社会生活を営むうえで必要な知識や技術や道徳を、地域の人格者である大人たちがきちんと授けていけばいいのではないでしょうか。

たとえば、子どもたちが寺院や教会などの地域の施設で勉強していったら、国はそれを単位として認めればいいわけです。また、それぞれの子どもが得意なこと、できることをしてだれかの役に立ったとしたら、それも単位として認めてはどうでしょうか。たとえば、近所の一人暮らしのお年寄りへの声掛けや一日一回の訪問でもいい。人へ優しさを配れるような子どもたちが育つなら、日本は新しい日本になれるはずですし、私はそういう時代しか、日本の明るいあしたはないのではないかと思います。

どこの街の寺院や教会でも、いちばん見かけないのは、もしかしたら子どもたちかもしれません。でも、子どもとおじいさん、おばあさんたちがつながっていく社会を、見てみたい気がします。

ご存じのように、自分が豊かになるということは、だれかが貧しくなる、人のものを奪わなければ金持ちになれないという時代です。そんないまだからこそ知足《ちそく》なのです、現状を満ち足りたものと知って、不満をいわないこと。品物ではない、富でもない、何が豊かになることがほんとうの幸せと感じ、何がその子にとって喜びなのかを、それぞれの子どもとともに考えていけたらいいと思っています。

私にとっていちばんの喜びは、子どもたちの目が輝くのを見ることです。

地域で子どもを育てる

こころを病んだ人たち、日本でリストカットなどの自傷をしている子どもたちは、一〇〇万人を超えたといわれています。男女比では全体の九五パーセントが女性で、なかでも一〇代、二〇代が大半を占《し》め、残りの五パーセントが男性です。

じつはこころを病んでいるか、病んでいないかは、簡単に見分けることができます。夜眠れるかどうかです。

うちの子が心配でいう人は、今日から一〇日間、深夜二時になったら、子どもの部屋を開けてみてください。毎晩「〇〇ちゃん大好き」とか「焼き肉食べたい」とかと、寝言をいいながら眠っていたら、まったく問題ありません。

でも、子どもが土曜日や日曜日の夜に家にいない、部屋にもいないという場合や、部屋にいても友だちが大勢集まっていて、飲酒したり、たばこを吸いながらゲームをやっていたとしたら、これは非行傾向があります。ちょっと心配ですから、早いうちにいろいろな機関と相談したほうがいいかもしれません。

もし、深夜に暗い部屋で必死にメールを書いたり、必死で電話したり、必死でインターネットを見ていて眠っていないようだ。あるいは、深夜に暗い部屋でぽろぽろと涙を流していたり、かみそりをもっていたり、薬をもっていたら、それはこころを病みはじめているか、すでに病んでいる証《あか》しです。こんなとき、親や家族を地域の方々がサポートしてくれたら、どんなにかこころ強いことでしょう。役立つ情報や信頼できる専門家を知っていたら、紹介するだけでもいいと思います。

では、こころの病を治すには、医師の力だけで十分なのでしょうか。

悩み、苦しみ、煩悩《ぼんのう》、あるいは人生の苦、そういったものに、世界の歴史のなかでいちばんの救いとなってきたのは、本来は仏教をはじめとした宗教だったと私は思います。とくに日本では、ほとけの教えだったのではないでしょうか。こころを病む子どもたちがこれだけ多いということは、ある意味では、ほとけの道が廃《すた》れたということです。裏返していえば、ほとけの道が、大人にも子どもたちにもきちんと語り継がれていないということではないでしょうか。

日本で長い時間を費《つい》やして根づいた仏教というものが、先細りになっていませんか。子どもたちの明日づくりに手を差し伸べることは、その次の一〇〇〇年をつくるための、大切な宗教的行事の一つだと思っています。

さらに、地域の大人たちが、地域の子どもはみんなの子どもと考えて、子どもたちにかかわっていただけたら、子どもたちは確実に変わります。子どもの話に耳を傾けてくれたり、見守っていてくれる、こころにゆとりをもった大人、先生や親以外の大人たちが、子どものこころの成長には必要なのです。

子どもたちは待っています。

笑顔

七年ほど前になりますが、神奈川県藤沢《ふじさわ》市のある中学校で講演をしました。三年生の三クラスに薬物予防について私が話をしたのですが、二月中旬で卒業式まであと一ヵ月というころです。

私が話し終わったとき、ある一人の少年が「先生、質問があります」と手を上げました。「どうぞ」と私がいうと、「先生、僕たちに悪や薬物の魔の手が来ないようにするには、どうしたらいいですか」と聞かれたのです。

「いい質問だね。笑顔だよ。笑顔があふれる家庭、笑顔があふれる学校、笑顔があふれる地域に、悪や薬物の魔の手なんて来ないさ」と私がいったら、「先生、どうしたら笑顔になりますか」と少年がいうので、「あいさつと声掛けをやってごらん。あいさつはわかるよね。こんにちは、おはよう、さよならといえばいい。声掛けってわかるかい。たとえば友だちが暗い声を出していたら、ぽんって肩をたたいて『おい、俺がついてるぞ』といえばいい。朝、先生が暗い顔をして歩いてたら、ぽんって肩をたたいて『先生、飲みすぎて二日酔い』って聞いてごらん。お年寄りが重いごみとか荷物をもっていたら、これは声掛けだけじゃだめだ。『おばあちゃん、もってあげるよ。運んであげるよ』といって荷物を運んでごらん」と私は答えて、講演を終えました。

この三年生たちは、こころがとても優秀でした。自分たちの後輩に明るい地域、明るい学校を残そうと話し合ったそうです。そして、卒業式までの一ヵ月で「あいさつ、声掛けクラス対抗コンクール」をはじめたのです。採点は自己申告制だったそうです。校長先生と担任の先生方が話にのってくれて、一等になったクラスにはクラスの全員に、卒業式のあとでラーメンをごちそうするというごほうびをつけました。でも結局、先生方は三年生全クラスの子どもたちに、ラーメンをごちそうしてくれたそうです。

とにかく、子どもたちはとても張り切って「俺さ、けさ、大船駅《おおふな》経由で遠回りして来て七一回もあいさつと声掛けやったよ、絶対いちばんだな」「甘いよ。君が来たのを知ってたよ。僕なんて、大船駅の上のところで、政治家やっちゃったよ。おはようございます、おはようございますって三七三回」などと、おおいに盛り上がったそうです。

同じ年の五月に、その中学校の校長先生から分厚い封筒が私に届きました。封筒のなかには、手紙のコピーも入っていました。私はその手紙を読んで、久しぶりにうれし泣きしてしまいました。手紙はこんな内容です。

「私は中学校の通学路に住む七二歳の年寄りです。いまから一〇年前に夫を亡《な》くしました。この一〇年間は、いつお迎えが来るかと待ち続けた日々でした。

二月の中ごろから、私が朝、道を掃除していると、『おばあちゃん、おはよう』って子どもたちが声を掛けてくれました。もったことのない子どもやもったことのない孫をもったような、とってもありがたい気持ちになりました。

そのころからいままで、私がごみを捨てようとしたり、重いものをもっていると、『おばあちゃん、もってあげるよ』と、たくさんの子どもさんたちが手伝ってくれました。おたくの生徒さんは、私のこころに花を咲かせてくれました。

この春、自宅の庭に花の種や球根をたくさん植えました。丹精《たんせい》して育てます。咲いたら学校にお届けします。ぜひ子どもたちの教室に飾ってやってください」

子どもって、いいもんだなあと思いました。

もし、日本中の大人たち、子どもたち、お年寄りたちがみんな、この藤沢の中学生のようなこころをもった、出会えば、おはよう、こんにちは、荷物をもちましょうか、今日は元気な顔だね、そんな明るい声が通学路の登校時や下校時はもちろんのこと、日本中の昼の街や夜の街に響いたら、そこに悪や薬物の魔の手なんか入り込む余地はありません。もちろん、子どもたちを狙《ねら》った誘拐《ゆうかい》や凶悪犯罪も入る余地なんてなくなります。ぜひ、原点に返っていただけたらと思っています。

私は年間四〇〇本ほどの講演を、何十万人という人たちに向けておこなっていますが、どの街でも最後に伝えているのは、「あなた方の明るい声でこの街を満たしてください。子どもたちはお年寄りに、お年寄りは子どもたちに、大人はお年寄りと子どもたちに、みなさんの明るいあいさつや声掛けがこの街に満ちたら、この街は変わります」というメッセージです。

みんなに優しさを配ってみませんか。

親は子育ての素人《しろうと》

私がかかわってきた夜間の問題行動、少年非行や少年犯罪を犯したりする「夜眠らない子どもたち」の親や、こころを病み、死を考える「夜眠れない子どもたち」の親を見ていて思うことがあります。それは自分の子どもを抱え込んでしまっているか、簡単に子どもを捨てているかのどちらかです。もうこの子のことはいい、好きにすればいいと、捨ててしまっているパターンでは「夜眠らない子どもたち」の親が非常に多いのです。

一方、どうしたらいいのかわからないけれども、すべてを自分で抱え込んでしまい、つねになんとかしなければと考えているケースは、二つに分かれます。一つは、母親が口うるさくなって、さらに子どもを追い込んでしまいます。もう一つは、泣いてばかりいる母親を見て子どもは、「お母さんを泣かせている私が悪い。私なんか死んだほうがいい」とさらに追い込まれてしまいます。

どちらにしても、子どもたちが追い込まれることにかわりありません。

じつは、親というのは子育ての素人だと、私は考えています。なぜなら、一人目の子どもをもって最初の子育て、二人目の子どもでも二度目の子育てにしかなりません。ところが教員は違います。つねに直接かかわる生徒は一クラスで四〇名ほど、それ以外に授業で二〇〇名や三〇〇名の生徒とかかわります。これを一〇年、二〇年と続けていきます。そんな教員ですら、教科だけでなく、生徒指導、こころの問題を含めて、いろいろな人の力を借りて子育てをしています。

私が親たちにいま求めるのは、親だけで子どもを育てられると思わないでいただきたいということです。子どもたちにいい大人との出会いをたくさんつくってあげて、そのなかで子どもたちを育てていくことです。子どもたちのまわりに、いい人間関係をつくるということです。

親自身が子育てで行き詰ったときは、ともかくSOSと助けを求める。行政であれ、学校であれ、あるいはさまざまな民間の機関であれ、助けを求めていくべきです。いろいろな人の力を借りながら自分の子どもを育てていくというゆとり、これがあれば日本の多くの子どもたち、さらには親たちも救えるのではないでしょうか。

苦しんでいる親たちを見て、私はいつも思っています。

子育ては「夢」

教育や子育てにおける勝負は「いま」だと、私は思っていません。それが私のいう「いいんだよ」なのです。「いまはいいよ。つらかった過去に思い悩んで、過去に汚されるのはよそう。いまを明日のために使って、一〇年後、二〇年後、三〇年後の君の夢をつくろうよ」これが本来の教育であり、子育てのはずです。だから、教育や子育ては「夢」といわれるのです。

ところが、多くの大人たちが、「いま」にこだわりすぎています。「いま」だけで子どもたちを追いつめ、子どもたちの明日をつぶしてしまっている。私にはそうとしか思えないのです。

ともすると、少年非行や少年犯罪はもちろんのこと、不登校や引きこもり、自傷などのこころの病の問題は、子どもたちが原因だとか、社会が原因だとかいわれがちです。でも、私はそうではないと思います。

私はよく人から聞かれます「水谷先生は、なぜいつも一人で歩くのですか」。そしていつもこう答えます、「だって、子どもたちが求めているのは、水谷という顔が見える一人の人間ですから」。

私のもとには子どもたちからのたくさんの相談メールや相談電話が届くのに、なぜ、子どもたちが国の行政の相談には行かないのかわかりますか。行政機関の相談は、相談する相手の顔が見えないからです。顔が見えない相手に、どうして、子どもたちは悩みやこころの病を相談できますか。

でも、子どもたちの非行が問題になると、「国は何をやっている。県は、市は、学校はいったい何をやっているんだ」と多くの人たちは、日本の社会に責任を転嫁《てんか》したがります。そこで私はよくその人たちに聞きます、「じゃあ、あなたは何をやっていますか」と。子どもたちが求めているのは、国でもなく、県でもなく、市でも、学校でもありません。先生でも、お母さんでもお父さんでも、近所のおじさんでもおばさんでもいい。一人の大人が、自分のことを心配してそばにいてくれているという事実なのです。

私は人間を信じています。人間は優しさをもった存在です。人から優しさを奪ってしまえば、動物にしかならない。いまの時代は、優しさを出すことははずかしいことか、かっこうの悪いことと思われる傾向があります。でも、優しさを忘れてはいけません。すべての人がもっている優しさを、すべての人に自然に出せるようになればいいのです。

そこに私は、日本のこの社会の明日《あす》があるし、きっとそういうあしたがつくれると信じています。

編集後記

本書を読んでくださってありがとうございます。

以前に本をつくったご縁で、ある日、水谷先生から電話をいただきました、「いま、親である大人たちも苦しんでいます。僕が考えていることをすべて伝えたい。一緒にいい本をつくりましょう」と。でも、電話を切った瞬間に、私は後悔をしていました。はたして、先生の熱い想いを温度差なく大人の読者に伝えられるだろうか。先生の声や温かいことばを、活字という媒体《ばいたい》で百パーセント表現できるだろうか。なにより、一介の編集者である私が、全力で走り続けている先生と同じスピードで走れるだろうかなどと考え、とても不安になったのです。

はじめて水谷先生の講演を聞いたとき、私はこころに訴《うった》えるとはこういうことかと知り、鳥肌が立ったことを覚えています。会場内をそっと見渡すと、身を乗り出すようにして聞いている人、薄暗いなかで熱心にメモをとる人、目頭を押さえる人。どの人も水谷ワールドにしっかり引き込まれていました。先生の話されることはいつも正論で、とても簡単で、子どもたちのこころのなかに、すーっとしみ込んでいきます。かつては子どもであった大人たちにも、こころの琴線《きんせん》に触れるメッセージです。ときに聴衆の笑いを誘《さそ》い、子どもたちの現状の話ではこころから憂《うれ》い、こころない大人たちのおこないに激高《げっこう》する。そんな表情豊かな先生の講演はいつも超満員とうかがっています。

「待っている子どもたちのいる限り、僕はどこへでも行きます」といわれ、日本中で講演されている先生ですが、実際には、会場に行けない人や希望者殺到で会場に入れない人がいることも事実です。でも、本という形になっていれば、いつでもページを開いてみることができる。そして、たった一行がこころの扉《とびら》をそっと開けることもある。だからこそ、先生は眠る時間を削ってまで本を書かれるのだ。このことに気づいたら、私のなかの不安や迷いは消え、丁寧《ていねい》にいとおしみながら編集作業を進めることができました。作業中は、親身なアドバイスとご指導をいただいた日本評論社の林克行氏と江波戸茂氏をはじめ、ブックデザインの桂川潤さん、カメラマンの疋田千里さんにご協力いただいたこと、深く感謝しています。

水谷先生はよく「僕の講演がいらない世の中にならなきゃいけないんです」といい、伏し目がちに寂《さび》しそうに微笑《ほほえ》みます。でも、そのためには、声を張り上げて子どもたちの現状を大人たちに訴えることが、まだまだ必要なのです。こんな大きな矛盾《むじゅん》とたくさんの闘いのなかで生きてこられたことが、夜回り先生の原点ですが、本書では、いままで語られなかった青春時代の貴重な体験を書いていただいたことによって、人間・水谷修氏の原点も知ることができます。

積極的に子どもたちとかかわっているからこそわかる、子どもたちの現状と実情。本書の内容は、大人には厳しく耳の痛い部分があるかもしれませんが、子どもたちを守りたいからこそ、あえて子育て論を上梓《じょうし》するという先生のせつなる想いが伝わります。一人でも多くの人のこころに、この想いが届くことを願っています。

（成保江身子　記）

●著者略歴

水谷 修（みずたに おさむ）

1956年、神奈川県横浜市に生まれる。上智大学文学部哲学科を卒業。1983年に横浜市立高校教諭となる。1998年から横浜市立戸塚高校定時制社会科教諭等を経て、2004年9月に高校教諭を辞職。中・高校生の非行防止と更生、薬物汚染の拡大防止のために、全国各地の繁華街で「夜回り」と呼ばれるパトロールをおこなっている。また、薬物防止等の講演で全国を駆けまわっている。

主な著書には、『夜回り先生』『こどもたちへ』（以上、サンクチュアリ出版）、『さらば、哀しみのドラッグ』『さらば、哀しみの青春』（以上、高文研）、『ドラッグなんていらない』（東山書房）、『いいじゃない いいんだよ』（共著、講談社）、『さよならが、いえなくて』『夜回り先生の卒業証書』『夜回り先生 こころの授業』（以上、日本評論社）がある。

あした笑顔《えがお》になあれ

——夜回り先生の子育て論

2006年6月15日　第1版第1刷発行

著　者　水谷 修
発行者　林 克行
発行所　株式会社 日本評論社
〒170-8474 東京都豊島区南大塚3-12-4
電話 (03) 3987-8621 [販売]
FAX (03) 3987-8590 [販売]
振替 00100-3-16 http://www.nippyo.co.jp/
印刷所　精興社
製本所　難波製本
装　幀　桂川 潤
写　真　疋田千里

検印省略
ISBN4-535-58470-2 Printed in Japan

夜回り先生の卒業証書

——冬来たりなば春遠からじ

水谷 修／著

盛り場の夜回りで、おびただしい電話・メールの相談で、各地の講演会で、夜回り先生が命がけで関わった多くの子どもたち。哀しかったこと、嬉しかったこと、許せないこと、そのすべてを語る！

◆四六判◆1,365円（税込）　ISBN4-535-58427-3

夜回り先生 こころの授業

水谷 修／著

圧倒的な数の講演をこなしながら全国を走り続ける夜回り先生が、『夜回り先生の卒業証書』後のこころの動きを語り、大人たちへ子どもたちに寄り添って生きることの大切さを語る。カラーメッセージ16P収録。

◆四六判◆1,365円（税込）　ISBN4-535-58459-1

さよならが、いえなくて

——助けて、哀しみから

水谷 修・生徒ジュン／著

水谷先生に届いた長文の手紙、その後のドラッグとの血のにじむ共闘。公開の予定がなかった30余通の手紙が織り成す、感動の人間ドラマ！

◆四六判◆1,260円（税込）　ISBN4-535-58286-6

日本評論社　http://www.nippyo.co.jp/